餐饮进化论

——网红时代餐饮的流量逻辑

餐饮进化论

冰火楼　杨裕兴　文和友　热大厨辣椒炒肉　徐记海鲜　公交新村粉店　火宫殿　南一门　玉楼东　隐台　果呀呀　蛙来哒　费大人文餐厅　北二楼　商景饭店　零零碎出　估福祥　坛宗剁椒鱼头　柠季　警盏灯　捌桃子

中国铁道出版社有限公司
CHINA RAILWAY PUBLISHING HOUSE CO., LTD.

图书在版编目（CIP）数据

餐饮进化论：网红时代餐饮的流量逻辑 / 丁丁，老胡
著 . —北京：中国铁道出版社有限公司，2022.12
ISBN 978-7-113-29701-5

Ⅰ.①餐… Ⅱ.①丁… ②老… Ⅲ.①饮食业 – 品牌
营销 – 研究 – 长沙 Ⅳ.① F726.93

中国版本图书馆 CIP 数据核字（2022）第 184707 号

书 名：**餐饮进化论——网红时代餐饮的流量逻辑**
CANYIN JINHUALUN : WANGHONG SHIDAI CANYIN DE LIULIANG LUOJI
作 者：丁 丁 老 胡

责任编辑：马慧君 编辑部电话：（010）51873005
美术编辑：刘 莎 投稿邮箱：zzmhj1030@163.com
责任校对：焦桂荣
责任印制：赵星辰

出版发行：中国铁道出版社有限公司（100054，北京市西城区右安门西街8号）
网 址：http://www.tdpress.com
印 刷：北京盛通印刷股份有限公司
版 次：2022 年 12 月第 1 版 2022 年 12 月第 1 次印刷
开 本：880 mm×1 230 mm 1/32 印张：9 字数：162千
书 号：ISBN 978-7-113-29701-5
定 价：88.00 元

创作符合人民需求的内容，做好人民爱吃的美食。

许菊云

2022.2.25.

坚守湘菜本色，

开创湘菜特色。

武吉昆 2022年2月2日

湖南人的精神都在一道道菜里，
湖湘文化的缩影都在一个字里。

聂雪忠 二0二二年三月二十四日

一

人间烟火，需自沧海一粟说起。

从永州玉蟾岩发现的第一粒稻种化石，到温饱世界的袁隆平稻种。

湖南，农耕源起之地，天下粮仓之所。

仓廪实而知礼节。文明自食物始，湖南是中国美食故事的最佳叙述地之一。

食不厌精，脍不厌细。自汉代起，湘菜就已登峰，风格独具。马王堆汉墓出土的《竹简·食单》中，佳肴近百，烹饪手法丰富。

明末，辣椒自南美入湘，阴湿多雨的湖南与久苦寒毒的湘人，终于觅得狂欢之物。这种能燃烧舌苔痛觉的植物，天然适配湖湘性格：热情奔放，固执倔强，悍不畏死，满腔赤诚。

再没有比在稻种的起源之地，讲述美食故事更合适的地方了。

一花一种见中国，一烟一火印湖湘。

二

在历史与未来之间，湖南餐饮幸逢盛世。

时间回溯至 2000 年。在那个遥远的傍晚，长沙城尚未如此鼎沸，那些现在已然成名的餐饮大家，在酷热逼仄、烟雾缭绕的厨房里，锅里翻腾的是湖南味道，但眼中还远远望不到 20 年之后巨变的未来。

超越他们想象的是：20 年后，历史上的摘星之地，变成了中国的网红之城。

撑起网红长沙梁柱的，不单是创新迭代的传统品牌，更有乘风破浪的新锐势力。

他们看似与历史无关，其实均从过往借势。

他们，大消费时代下的湖南餐饮品牌，仿佛春风唤醒整个原野上昔日冬眠的英雄。他们蓬勃向上，肆意生长，生命力强劲到你再无法用一个具体的标签去定义。

无须精准定义，重要的是，这是湘菜怒放的春天。

身为中国八大菜系之一，曾经备受冷落，一度寂寂无闻，当英雄集体崛起，野心便会抖落灰尘，旌旗终于猎猎。

英雄之路，网红之径，复兴之途。

这是《餐饮进化论：网红时代餐饮的流量逻辑》向读者陈述的故事。

三

味道是灵魂深处的乡愁，进化是突破现实的野心。大人虎变，君子豹变。所谓进化，无非做与时代同行的奔跑者。湖南餐饮的进化之战，热如重归春秋，烽烟四起，遍地英雄，鏖战盛世，追逐江湖。

这是必然创新的时代，也是执意改革的时代，否则，在美食湖南，在名厨迭起之地，难成英雄。传统品牌迭变，抱着金字招牌，也要木秀于林；新生品牌疾攻，即使毫无往事，也要微澜起浪。

以洪荒之力放肆进化就好，无暇关注结果，一切交给时间。时间是一个巨大宽容的容器，也是沉默无言的判官。

就像这本平视的湘菜之书，书中多数品牌，我们都曾多次去过，而美味之外，它更关注的是创业之心。其间的文字，有时感性，有时理性，我读它时，有时澎湃，有时泪湿。

我被奕靖（丁丁）笔下的那些人感动：那些在失败时刻暗夜痛哭的人、荣耀时刻淡定自如的人、艰难时刻勇往直前的人。

人世间，进化极难，英雄向前。

我看着奕靖长大。那年蹒跚学步的孩子，已开始仔细观察湘菜江湖，并用文字将收获写成一本书。我叹时间之神奇。

我关注湘菜江湖。当30位湘菜餐饮品牌的领军人物，说出各自跌宕起伏的创业故事，我叹时代之伟大。

所有凡人的血泪与汗水、悲伤与喜悦，或不被历史提起，但都将被自我铭记。

人生实短。盛世之下，他们如此精彩地奔走，无惧挫折，无惧伤口，以一颗英雄之心无所畏惧地躬身入局。

对于食物，人间烟火气，最抚凡人心。

对于英雄，湖湘英雄气，最振尘世胆。

我们尊重品牌和规模的力量，也会尊重每一个餐饮个体的存在。夜色下，那些烟火气息浓厚的烧烤摊火爆社交媒体，从业者日复一日，撑起这座城市的光荣与梦想。

所有英雄，都在征途。

他们都是长沙不夜的重要理由：奔走的创新者，醉心研制美食，潜心推进品牌。

是为序。

献给孩子奕靖，献给书中所记的每一个餐饮英雄，献给每一个热爱湘菜的你。

龚定名

湖南日报社党组成员

华声在线股份有限公司总裁

2022 年 3 月 11 日夜

火候见功力

当这叠文稿呈放案头的时候，我着实吃惊不小。对于整年忙得喘不过气的《大湘菜报》记者丁丁来说，哪来的时间竟然悄无声息写出了这么厚的一本书稿。

翻看文稿，清新扑面。那一家家熟悉的企业，那一个个亲切的面孔，经过丁丁和老胡的一番解读，是那么有趣，又那么传神；那么简单，又那么深邃；那么具象，又那么超然……总之，这是一部下了功夫写成的书稿。30 家有代表性的长沙餐饮品牌，有血有肉有灵魂，活生生把整个城市的餐饮生态和盘托出，网红城市的生机与活力，通过餐饮展露无遗。

记得六年前丁丁走进我办公室面试的时候，怯生生的样子，令我记忆犹新。问她有何特长，她说会做菜。因为报纸初创，急需招人，捡到篮子就是菜。我想，一个学英语的，还会做菜，今后做美食记者不会差到那旮去。就这样，我们成了同事。

丁丁也算得上是《大湘菜报》的创始人。摸爬滚打，几年时间，写文稿、拍视频、做主播、办活动……样样都会干，总之，难得有闲着的时候。说实话，在《大湘菜报》干，钱虽不多，却很能锻炼人，丁丁就是这样练成了"全挂子"记者，成了餐饮界熟知的名记。几年下来，原来那个怯生生的丁丁荡然无存，代之以能歌善舞、能说会道、阳光上进的"女神"。2021年底，我们举办了"县长掌勺推食材"的活动，10位县长登台掌勺，给每位县长做访谈直播的就是丁丁记者。这个活动轰动了全省。

丁丁是个有心人，她在平时的采访之余，比别人多了一个心思。通过对餐饮企业，特别是网红店的采访，深入企业，探寻这些企业在这个城市构成亮色的共同之处，这是用另一只眼观察采访对象，是冷思考的结晶。俗话说，热闹的背后才是真相。我相信丁丁和老胡敏锐的洞察力和思考的穿透力。

也许，这正是本书值得一读的魅力所在。

陈胜年

湖南日报报业集团大湘菜报总编辑

目 录

第一章

诞生于长沙，因流量而被熟知

01

文和友：一直在误解中不断成长，却从未叛逆于商界

为什么是文和友火了

如果说文和友在长沙"大火"是偶然的话，那么，进入广州和深圳后，依然出现几个小时的排队场景，则是文和友实力的见证。从一开始被质疑雇人排队，到很多消费者亲身经历排队，现身说法表达对文和友的极大肯定，而这一切都体现出这个超级IP的流量打法。

通过再现"80后"儿时生活的空间场景，以艺术空间美学为文和友的新消费文旅品牌赋能。强调供应链和产品精神是传统餐饮行业的基础，在餐饮大量同质化的今天，文和友独辟蹊径，通过对差异化的空间颠覆性升级，让消费者从最初的场景互动消费转变成如今的社交互动消费。

文和友深入空间布局，不断地自我进化和蝶变。在每一座城市，文和友都会融合当地的美食元素，通过消费者熟悉的场景来引发他们的情绪共鸣。

体验经济时代，消费者不仅仅重视实体商业本身的功能，还重视消费体验，经营者需要通过一个个设计去满足消费者的个性化需求。

　　文和友的沉浸式商业模式让原本一个个普通的消费者，在特殊的场景空间里实现了他们情绪的满足，也使得文和友有了不一样的发展途径——把产品消费转变为情绪消费，这也是文和友能够持续火爆的核心原因之一。

　　媒体和网友赋予文和友很多的称号诸如"亚洲最大的龙虾馆""长沙美食界的'司马迁'"等。无论是文创产品，还是文旅的品类，文和友已经完成通过内容获取流量并形成全产业链发展，而多复合式的商业模式会带来更多的商业机会，也会给消费者和同行无尽的想象空间。

　　看似破旧的复古式空间设计，却因为与众多传统餐厅形成鲜明的对比，让消费者产生强烈的好奇心。当然，只靠激发消费者的好奇心，还不能让他们持续性消费，文和友把"80后"的市井文化放大，从而打开了消费者内心的情绪阀门，强大的差异化成为文和友品牌的"护城河"。

文和友 CEO 冯彬的专访

❶ 作为文和友的联合创始人，你有没有想过，当时的一个梦想，会发展成今天这么大的成就？

文和友不仅是一家餐饮公司，也是一家文化公司。我的初心是希望通过美食，让更多消费者体验充满烟火气息的市井文化。

我曾经历了很长时间的思考，思考把文和友做成一家什么样的企业，做出什么样的内容。最后我提出了两个原则：第一个原则是价值越大，越要深耕；第二个原则是不随波逐流。

2017 年，湘江岸上的文和友杜甫江阁店，因为城市整体规划需要搬迁。这对于文和友来说，是一次变革的机会，

也是一个挑战。当时想了很长时间，最后决定要做些好玩的、不一样的、有挑战的事情，这才有了现在位于海信广场的长沙文和友。

文和友目前还是一家创业公司。现在正在做的，是在城市中心建起一座座以地方文化和美食为主题的公共空间。这是文和友正在运营的一代产品，还需要更多城市的验证。这对我们团队来说是一个巨大而且持续的挑战，希望可以跟大家一起来探索和创造。

❷ 为什么会把长沙文和友的场景做成现在的这种形态？

文和友创始团队都是土生土长的长沙人，都是在长沙的老街巷里长大的，对这座城市有很深的感情。随着城市里高楼大厦越来越多，人与人之间的关系越来越远了。我们在海信广场重新打造了一座 20 世纪八九十年代的文和友社区，根据记忆和照片，以及在当时取得的现场拆除的物件，在这个社区，重新还原了"80 后"小时候的生活场景。长沙文和友本质上不是对逝去生活的还原式复刻，而是对我们心中理想化社区的创造。

❸ 长沙文和友在设计上讲究原汁原味的还原，当初是如何做到的？

从产生这个想法开始，我们一直在收集一些旧物，其中也不乏搬迁与拆迁中被丢弃的物件。我们对这些物件进行整理编号，然后设计到场景里面。比如，在漫长的收集过程中，我们得到了几十万件建筑旧物、日常物品，除了大家可以在文和友场景中看到的，更

多的物件还存放在仓库里。为了更好地做出 20
世纪八九十年代的质感，我们也请了潇湘
电影制片厂的电影置景团队，协助我
们打造场景。在长沙文和友，消
费者是看不到一面白墙的，我
们甚至为了一面残墙的效果，
建起一面墙，再把它推倒。

**❹ 文和友如何解决城市
项目的本地化问题？**

　　我们会根据城市属性，确定
项目主题。比如，我们选择在长
沙做市井生活的主题，是因为这一主
题跟长沙有很大的契合度。如果去到别的
城市发展，会选择不一样的主题，因为不同的
城市有不同的文化，我们一定是选择契合当地文化的设计主
题，而这一主题可能是 20 年前的，也可能是 20 年后的，风格因城
而定。

　　在设计和建设中，我们会引入当地的团队、当地的企业和个
人来共同打造。包括我们城市项目建设的员工，至少过半数是当地
人。在这些城市项目建设中，我们愿意扮演小角色，甚至不用出现
我们的名字，关键要做当地人喜欢和认可的内容。

❺ 做产品和做品牌故事，对于文和友来说哪个更重要？

做好产品一直是文和友最重要的工作。消费者现在所看到的文和友形态，空间、装饰好像很出彩。其实最初创业的时候，我们从一个小饭馆起步，一心只想把菜的味道做好。只有菜品获得了顾客的认可后，再往上面加一些元素，整个产品才会变得更丰富。

不管如何发展，东西好吃，才是根本。在我的观念里，不管将来文和友做到多大，装修多么有意思，有多么好玩，东西一定要好吃，这是我们不断追求的。因为场景再好看，体验再有意思，时间久了，消费者也会有审美疲劳。只有把东西做好吃了，才可以发展得更久。

02

柠季：颠覆消费者认知的柠檬茶饮新品牌

为什么是柠季火了

其实，柠檬茶在广东一直很流行，它伴随着广式餐饮的发展而迅速壮大。由于柠檬在运输和供应链上的稳定表现，很容易实现标准化和规模化的生产，因而柠檬茶饮受到了资本的青睐。

从 2017 年开始，消费者越来越倾向于"健康茶饮"，因而众多的茶饮从业者开始寻找新的突破口，柠季就是其中的代表。柠季在广东柠檬茶的基础上做了手打柠檬茶，这让消费者可以直接感受到柠檬的新鲜，得到了消费者的认可。

在长沙商圈的流量位置都能够看到清新绿色的柠季门头，而活跃在小红书上的各种绿色图片，便是年轻消费者热爱柠季产品的表达。柠季消费者的这份热情表达，让不少第一次来长沙的外地人，被这份消费热情所鼓舞，也要品尝一下。柠季的宣传更是到位，连长沙五一广场的出租车司机都知道，喝柠季，更健康。

相比于其他茶饮品类，柠檬茶具备一个天然的优势，就是市场拓展成本比较低。在长沙乃至其他地方的茶饮同质消费市场里，从原本已有的广式餐厅柠檬茶消费，到街边店的单品消费，柠季有足够的时间去抢占新消费群体。

柠季不仅从柠檬的萃取方式上做了相应的改变，把传统的手打转为挤压，更为完整地保留了柠檬的最佳口感，还根据地域消费者的口味做出了相关调整，以期适应不同的消费群体。从广式柠檬茶到新式柠檬茶，柠季做的不只是口味上的改变，更有适应地域消费群体特征的转变。

在竞争日趋激励的茶饮赛道，为了占得一席之地，柠季团队选择了下沉市场发展，没有正面与其他新茶饮品牌竞争。这种错开市场的地域性竞争策略为柠季在较短时间内占据了消费市场，毕竟一线城市的茶饮市场竞争已经到了白热化的程度，下沉市场才有更大的机会。

柠季创始人谭力的专访

❶ 在长沙茶饮市场竞争异常激烈的情况下，选择入局柠檬茶这个赛道，是基于怎样的思考？

长沙茶饮市场已经是一个相对饱和的竞争市场，要在这样激烈的市场中脱颖而出，必须抓住细分品类的机会，打造差异化创新产品。

在深入了解了长沙市场规模和消费数据的基础上，我们发现长沙消费者拥有更多的可支配收入，消费意愿强烈。另外，长沙的年轻人喜欢时尚的生活方式，追随新潮产品，且有喜辣的饮食习惯。从消费意愿和口味偏好出发，清爽解腻的柠檬茶是非常有潜力的细分口味产品，而且当时长沙主打柠檬茶的品牌并不多，市场上并未出现强势品牌，竞争对手也不多，在长沙做柠檬茶，可以第一时间占领用户心智，具有很强的竞争优势。

❷ 柠季以长沙为起始点，在口味上做了怎样的研发与调试，从而适应整个湖南的市场？

在广东，传统的柠檬茶虽解渴，但略带苦涩。而柠季的柠檬茶以清甜为主，并且根据湖南消费者的口味不断改良创新，成为一款湖南消费者喜欢同时具有地域特色的大众消费饮品。具体来说，柠季根据湖南人的认知习惯和口味偏好，精准地做了一系列的调整和改良，比如，广受消费者喜爱的神仙桂子油手打柠檬茶和小钵子甜酒手打柠檬茶，都是湖南人熟悉的味道，接受度非常高。

❸ 夏天是柠檬茶的消费旺季，冬天势必成为消费淡季，如何应对和解决这种季节性产品的弊端呢？

柠季的第一家店在 2020 年 2 月开业，是长沙的冬季，因为我们想做一个测试，验证产品是不是经得起考验，结果当时众多消费

者排队买柠檬茶。可以说，产品质量的好坏，才是消费者是否购买的关键因素。

在冬天，确实会有部分消费者对冰饮的需求有所下降，但是从数据上看，大部分消费者对柠季冰饮的喜爱并没有因为冬季而减弱。当然，为了满足部分消费者需求，经过一系列的研发，2021 年冬天我们推出了 4 款柠檬茶热饮。从市场反馈来看，柠季热饮的推出是符合了消费者在冬天对柠檬茶的期待和需求的。

❹ 不到一年的时间里，柠季迅速扩大门店规模，如何做到的？面对众多的门店，如何统一管控产品品质？又是如何实现让加入柠季的合作伙伴获利？

目前，我们已经在湖南、湖北、江西、上海等地拥有近 400 家门店了。在合作上，以"直营 + 合作"形式两条路发展，优秀的合作团队使我们在各区域开店的速度更快。

在品质把控上，柠季门店严格执行标准化运营，精简的产品种类不仅能提高运营效率，更能有效控制每一杯茶饮的品质。另外，耗资千万元搭建了柠季自有供应链，推动供应链体系不断向标准化、规模化发展，让消费者可以在任意一家柠季门店，喝到同样品质、同样健康、同样清爽的柠檬茶。

同时，柠季对合作商的管理模式也做了一些新的变革，对合作商进行评级以及分级，对不同的合作商提供不同的学习内容，通过数字化建设，使员工、合作商的服务水平得到提升。

❺ 柠季具有哪些独特的优势，为什么会获得资本的青睐？获得融资后，又是如何布局和规划的？

柠檬茶作为热销的饮品之一，本身有一定的市场消费基础，消费者对柠檬茶也有较高的认知，柠季对柠檬茶的产品配方和制作工艺进行创新，使品牌和产品在茶饮市场上极具辨识度，在发展中获得了走向全国的潜力和实力。

2022年，柠季布局全国市场，已建成华东、华中、西南三大中心区域市场，很快柠季全国门店数量预计再翻三番，同时进一步夯实运营基础、IT系统建设、供应链管理，为合作伙伴带来更好的合作体验。在不久的将来，柠季会推出瓶装零售产品，让更多人喝到不一样的柠檬茶，使品牌有更大的发展空间。

❻ 据了解，柠季品牌的团队人员都是来自不同领域，这样的组织架构有什么优点，类似企业可以借鉴这一模式吗？

找到合适的人，把他们放在对的位置，才能让他们为企业发挥最大的价值。柠季的高管多来自互联网、金融、零售领域，中层与基层更多来自连锁餐饮企业。餐饮行业的链条非常长，其中，组织力是基石，而人才是组织力的核心。说到底，餐饮行业比拼的其实是组织管理能力和人才。只有持续地在组织力和人才上投入时间、资金和精力，才能够最终成就品牌。

❼ 柠季能够在柠檬茶品类的市场上迅速发展，并打下一片市场，那么，未来如何稳定"长红效应"？

品质是产品保持"长红"的核心竞争力，柠季总部的研发中心致力于开发新产品，在保持原有特色产品的基础上，根据不同地域，采用全新的辅料和柠檬茶组合来增强口感，开发符合当地口味的全新产品系列，以满足消费者对柠檬茶的新兴趣，同时也满足消费者对健康、对彰显生活方式的追求，来提升消费者的体验，持续增强产品对消费者的吸引力。

❽ 柠季在提升品牌知名度方面，有哪些营销手段？

作为新消费品牌，柠季按照消费人群特征量身定制了营销组合，聚焦年轻消费人群的核心消费场景，选择与柠季风格一致的品牌进行跨界合作，将内容与商业融合为一体。比如，近期开启的"男神店长"，打造柠季专属的短视频综艺，将年轻艺人安排在柠季担任店长，把他们在门店的工作过程记录成一档短视频综艺"柠家男孩"，受到了众多年轻人的关注。

同时，柠季将自身发展与社会发展紧密结合，搭建了"柠季成长季"的公益体系，跟各大院校建立联系，建立奖学金制度，鼓励和帮助优秀学子完成学业。将社会责任融入柠季日常项目中，保持品牌力的可持续增长。

03

费大厨辣椒炒肉：
辣椒炒肉背后的秘密

为什么辣椒炒肉可以火

　　在费大厨辣椒炒肉出现之前，辣椒炒肉只是湘菜中非常普通的一道家常菜。如今这道普通的家常菜却成为很多湘菜馆里的招牌菜，这离不开费大厨辣椒炒肉对这道菜的推广和加持。

　　费大厨辣椒炒肉的创始人费良慧在投资其他湘菜失败后，看到了湘菜走出湖南的机会，在2015年——大众餐饮市场旺盛的元年，费良慧和他的团队做了详细的市场调查后发现，能够代表湘菜特色的一道菜是辣椒炒肉。

　　当时，大部分的湘菜馆都不重视这道菜，这给了费大厨辣椒炒肉机会。费良慧用自己作为代言人，用个人名誉对品牌作了背书，创办了费大厨辣椒炒肉，填补了这块市场空白。

　　辣椒炒肉对食材的要求很高，在辣椒的选择上，不能太辣，也不能太嫩或太老。费良慧带领团队在拜访了众多农业专家和相关人士后，在多个辣椒品种里，找到了合适品牌的螺丝椒；而费大厨辣椒炒肉的猪肉则是选择口感、营养俱佳的黑土猪肉。

　　去过长沙的朋友应该知道，在长沙大街小巷里有小炒店，而小炒的核心除了食材要好之外，也要靠厨师的功力加持，因而费

良慧非常重视对厨师的培养。他认为，大厨炒出来的小炒，才是真正能够代表湘菜小炒的高水平。

费大厨辣椒炒肉不仅从视觉和味蕾上征服了消费者，而且把它从一道非常普通的家常菜变成了宴请菜，给消费者带来惊喜，并激发了众多消费者对这道菜的更多期望。

与其说是费良慧和他的大厨团队成就了辣椒炒肉这道湘菜，不如说是消费者让这道菜传承下去。相信每一代人在吃这道菜时，都会有不同的感悟，因为这道菜代表的不仅是回忆，更多的是情怀。

费大厨辣椒炒肉创始人费良慧的专访

❶ 据了解，2003 年您在衡阳开了费大厨辣椒炒肉第一家店，到 2012 年才开第二家店，为什么时间跨度这么长？

因为培养一个湘菜大厨需要两三年的时间，所以我们一直在沉淀，等到大厨人才培养机制跟得上的时候，才会开第二家店。

❷ 在长沙餐饮市场竞争激烈的情况下，为什么来长沙发展？

众所周知，衡阳作为小炒之乡，尤其衡东土菜，在全国都是知名的，之前还做过中国土菜节。我原来也做过三四个品牌，但是辣椒炒肉是卖得最好的。当时很多在长沙的衡阳人都觉得我们的菜特别棒，希望我们把店开到长沙。因此，我有了在长沙开店的念头。2014 年在设计园开了第一家店，当时叫作同心餐饮，以衡阳小炒为主打的一个餐厅，辣椒炒肉是店里卖得不错的一道菜。

❸ 在您创立费大厨辣椒炒肉品牌之前，遇到过哪些阻碍和困难，是如何解决的？

最大的阻碍还是大厨的人才培养时间比较长。2012 年，我去上海开店，在徐家汇开了一家餐馆，当时遇到的挑战就是大厨培训时间太短，手艺没有做到位，所以经营不到两年，又回到了湖南。这次开店的损失是比较大的，也让我从中吸取了不少经验教训。现在我第二次到上海发展，做的前期工作就是把大厨培养好。

❹ 为什么会以自己的姓来命名品牌，品牌的核心竞争力和优势在哪里？

我自己就是厨师，我父亲也是厨师，这是我以"费大厨"的名字创立品牌最重要的原因。另外，让消费者看到这个品牌的创始人站在台前，更加放心。老板能站出来，为了自己的名声，食材是不可能造假的，因为是心怀敬畏，才会从事这份行业。我觉得这其实也是自己心里所想的，要以自己的名声做担保，所以就觉得用费大厨名字比较合适。

❺ 如果有一天，大众对"辣椒炒肉"这道单品出现了味觉疲劳（标准化），您会如何应对？是研发新的单品，还是重新设定新的味道？

目前，我在做的事情就是抓住确定性的一些东西，未来如何变化，我没法驾驭。我发现从我懂事开始，就吃辣椒炒肉，近些年，喜欢吃辣椒炒肉的人越来越多，比如，以前上海人都不知道什么是辣椒炒肉，但昨天我收到一条视频，视频内容是一个老上海人表达他在深圳吃过我们费大厨辣椒炒肉。因此，我们现在把三十几年不变的这道湘菜的精华或者说湘菜的头牌抓住，那么未来三十年也不用担心，所以，我觉得做精是我的首要任务。

❻ 目前，费大厨门店遍布全国，在品牌运营和发展中，您觉得还有什么需要改进的地方吗？

第一，不断完善厨师的培训和认证体系，尤其结合现代的管理理念，让大厨的培养速度更快一点。

第二，希望通过费大厨的努力，让更多的厨师看到，做餐饮能改变自己的命运，让自己生活得更好，让更多人加入湘菜厨师的队伍中来。

❼ 有不少消费者认为，"费大厨辣椒炒肉"的辣椒太少了，这样的搭配是出于什么原因？

我们在传承当中也不能守旧，这是我们费大厨非常重要的价值观。换句话说，我们的价值观就是怀着好奇心践行长期主义。因此，我们在传承辣椒炒肉传统工艺同时，还要创新迭代，提升它的食材质量，摆脱恶性价格战竞争，让消费者看到切切实实的实惠和高品质。

❽ 为什么以辣椒炒肉作为招牌菜，而不是别的菜？

我就是湖南人，大部分湖南人从小到大吃得最多的就是辣椒炒肉。我们选招牌菜的时候也做了上万份调研，统计出来湖南人最喜欢的就是辣椒炒肉。还有一个原因就是，我们的大厨百分之八九十

都来自湖南衡阳，衡阳做小炒很擅长，我们也是在做一件自己很擅长的事情，所以我们就将辣椒炒肉作为费大厨的招牌菜。

❾ 费大厨的核心竞争力是什么？

对我们现在费大厨连锁品牌而言，最大的优势就是只用大厨炒菜。现在餐饮的大环境就是离不开工业化中央厨房，对我们而言，从来没有想过去做中央厨房、去做工业化，我们所有的产品都是大厨现炒的，所以我们要把人员的培养和手艺做到精湛，这就是我们费大厨的核心竞争力。这是我们跟其他连锁品牌不同的地方，这也是我自己作为大厨的一份使命——希望通过费大厨让更多厨师实现自己更好的生活，所以我们的核心竞争力就是大厨。

❿ 费大厨火爆靠的是运气还是市场？

我觉得应该是市场，原因基于两个方面：第一，大家都在做工业化中央厨房的时候我们坚持了自己的初心，而且我坚信这是未来的趋势，餐饮需要用更新鲜的食材、更好的手工去做，因为餐饮还是传统行业，消费者是能吃出区别来；第二，现在的餐饮经营时机比较好，供应链很成熟，我们的三鲜食材在当地采购能实现规模化，这样的时机是非常好的，让费大厨在发展的过程中能够建立满足需求的供应物流，又能够把握到很好的趋势。当然也有运气的成分，刚好这个年龄，刚好在做这个事情，也刚好踩到了这个机遇，我觉得这就是运气。

⑪ 您觉得自己是企业家还是厨艺大师?

我们在每一个区域会把辣度调整到刚刚好，也就是说，辣椒的比例会有所改变，让更多人喜爱。而让更多人喜爱的前提是，自己要先是一个美食家，因为自己喜欢、自己爱吃，才会想办法去改良菜品的搭配，才会想办法更好地展示菜品，才会推荐给其他人。所以要先做个厨艺大师，进一步才是企业家。

⑫ 创业过程最考验人、最帮助人进步的是什么?

这个问题我只能够复盘我自己的经历，我觉得就是好奇心对我有很大帮助，我认为所有的创业经历中贯彻始终的就是好奇心，因为它能够让你与时俱进，能够让品牌得到年轻人的喜欢，它更加能够让你自己越来越喜欢这个行业，这个是至关重要的。有了好奇心才会有成功，才会有成就感。

04

壹盏灯：众口难调里的那一盏灯

壹盏灯的流量密码

能够成为长沙餐饮名片的品牌，必须具备两个特点：一是能够真正代表湘菜的口味；二是能够持续让人来打卡。壹盏灯能让长沙人来排队，可见它的魅力所在。壹盏灯不仅受外地游客的欢迎，也是当地人经常消费打卡的地方，曾创下了在高峰期上千桌的排队纪录。

重辣、性价比高和地道长沙口味是壹盏灯留给消费者最深刻的三个印象。如果你是第一次来长沙，那么点杯茶颜悦色，吃上壹盏灯的湘菜，也许才不枉这趟长沙之旅。

从早期的街边小馆子到如今的网红店，壹盏灯并没有改变自己的初衷，依旧没有考虑摆盘是否合理，也不关心菜的卖相是否好看，可能与大多数人想象中的网红店还有一定的差距。摆盘、拍照并不是消费者来壹盏灯的初衷，消费者看中的是壹盏灯对湘菜口味的坚守，吃的是那个口味。

一般的网红店，长沙当地人是不会去吃的，而壹盏灯能够赢得长沙几代当地人的口碑，每一道菜品背后都是壹盏灯对辣的诠释，壹盏灯菜品的味道已经深入长沙当地人的内心。而来长沙旅

游的各地游客，即使不能吃辣，来到这座无辣不欢的网红之城，也都想放开胃口，体验一回。正是因为对辣的坚守，让壹盏灯在餐饮市场里得到了消费者的认可。

壹盏灯的店面是经过专业的设计师设计的，看似随意的物品摆放风格，能让消费者吃完就走，从而提高了店内的翻台率。相比于其他网红店高价格的定位，壹盏灯的菜品价格非常大众化，用差异化的市场定位，在消费者心中形成了较强的品牌认知。

众口难调，餐饮店里的每一道菜都要经历万千众口，无论是鸭掌筋，还是酸萝卜丝炒肚丝，都会适应部分消费群体，每道菜都可能有人说好吃，有人说不好吃，但回头客多的餐饮一定是找对了大多数消费者的口味。顾客能再来消费的一定是觉得好吃，壹盏灯服务的就是那些愿意再来消费，再来为长沙本地口味点赞的朋友。

壹盏灯的创始人戴佳年专访

❶ 为什么会以"壹盏灯"来命名，这其中有什么故事吗？

壹盏灯以前在长沙市民主西街是没有招牌和店名的，只是在门口挂了两盏灯笼，然后顾客都叫我们"红灯笼"。小巷子里的店就像农村的堂屋，中间是厨房，左边是点菜台，右边摆了一些桌子，没有任何装修。木门、土墙和门口的红灯笼，成了我们店的一个标志。后来搬到了北镇街，做了一个简易的招牌，叫"壹盏灯饭庄"。其实，这个名字就是顾客叫出来的，顾客通过店门口的小灯笼来识别我们这个店。

❷ 从 1997 年品牌创立，至今壹盏灯已经拥有 16 家门店，全国有很多人想要加盟，为什么没有走标准化扩张？

对于加盟这件事情，每个人看法不一样，这没有成为我们的优先选择项，是因为中餐标准化的难度太大，品质是不可控的，尤其是外地的加盟店品质很难保证，它不像是一个奶茶店，有食材采购的标准，中餐的食材和口味很难复制。

❸ 在菜单和外卖单上可以看到壹盏灯对部分菜品标注了"不能少辣或免辣"，不担心因此而减少客流吗？

有的菜，少了辣椒，就没有这道菜应该有的味道了。

其实，我们店也有一些微辣的菜，但是像泡椒这类菜，是不能减少辣椒的，辣椒相当于是一个佐料，去掉了，这道菜就不好吃了，还不如写清楚不能免辣，让顾客明明白白选择。

❹ 对于不能吃辣又想试吃的外地人，会考虑为他们的口味做相关菜品吗？

全国各地喜欢吃辣的人都不在少数，如成都、武汉的人其实都比想象中更加能吃辣，还觉得可以更辣，我们这个辣度在市场中是可以接受的。我们没有为不爱吃辣的消费群体研发菜品，是因为壹

盏灯其实也有完全不辣的菜，比如，银鱼煎蛋、蚂蚁上树、老姜煨鸡之类的。

❺ 关于壹盏灯，一直有"我们不做湘菜，只做地道长沙菜"说法，这句话应该怎么理解？

长沙菜是属于湘菜的范畴，这是毫无疑问的，其实现在很多店都定位自己制作的是专业的长沙菜、地道的长沙菜。壹盏灯"我们不做湘菜，只做地道长沙菜"是因为在我加入壹盏灯之时，合伙人全是长沙人，他们制作的就是他们从小就开始吃的长沙菜，虽然当时也有部分常德菜、湘潭菜，但是量很小，从合伙人的认知，从品牌发展来看，我们就是想专注做适合长沙人口味的菜。

❻ 据说壹盏灯的菜品都是由老板娘亲自研发，给老板品尝后觉得好吃，才会上门店菜单？

当时，第一代创始人在于小店的时候，就是老板娘在厨房做菜，现在的第二代创始人就是她女儿，她女儿的厨艺和做菜的天赋也是很高的。

老板娘是长沙人，很爱做菜，在店里一直在做菜品研发。现在的长沙人对菜品很挑剔，要求菜品适时改进。老板和老板娘也会经常去别的店，体会特色菜，不仅是工作，也是兴趣爱好。

❼ 作为连续荣登大众点评必吃榜单的餐厅，如何持续保持这个热度？未来有什么发展目标和规划吗？

对于壹盏灯来说，最核心的还是做符合食客口味的菜，大众点评这个垂直的平台给我们带来了一些机会，使壹盏灯在城市的知名度有了提升。以前我们刚开店的时候地铁还没有修好，旁边的核心地标也没有修好，即使这样，也靠着顾客的口碑把这些年轻消费者带来了。

目前，壹盏灯的规划就是继续把南京、深圳的分店开好，稳中求进。从店面的面积来看，这些店也不是一个小店，人才培养也是需要周期的，必须稳扎稳打。

❽ 泡辣椒是店里的主打特色，是怎样选材的？

目前，泡辣椒重在选择辣椒。其实各家餐馆都有泡辣椒，只是选材和制作方法不一样，我们选择的是小米辣的一种，从开小店起一直都是用这一种辣椒。从制作工艺来说，以前采用的是古法腌制，现在是用标准化腌制。前几年，我们就有了供应链的布局，不然武汉、深圳这些店是做不好的。接下来做的重点，不是由繁到简，而是在创新中有所侧重。

❾ 你认为，壹盏灯餐厅的竞争优势是什么？

核心优势要看各个层面的，是内部的，还是外部的，比如，以前天天下馆子的人很少，现在年轻人隔三差五就会出来吃饭。我们出菜的速度也是相对较快的，下单没几分钟就上菜。现在我们有些店也有包厢了，也可以作宴请之用了，价格也还算亲民。

05

蛙来哒：挑战消费者对牛蛙味道的包容度

都做牛蛙为什么它火了

在国内牛蛙这个细分餐饮品类里，能够做到极致的品牌并不多，而作为非餐饮行业的创业者罗清，用科技行业的理性融合餐饮行业的感性，让蛙来哒这样一个品牌具备了独特的光环。

在蛙来哒品牌发展过程中，创始人罗清并不是一开始就对自身品牌有清晰的认知，也是经历了几年的摸索和沉淀，在对牛蛙这个餐饮赛道有了更为深刻的认知后，才逐渐总结出蛙来哒的发

展路径。当然在这几年的摸索中，罗清也认识到餐饮这个行业并没有外界想得那么容易做。

蛙来哒在牛蛙这个餐饮赛道里切出更为细分的"炭烧牛蛙"品种，使得品牌具有独特性，建立了高区分度的品牌认知。牛蛙作为湘菜里的明星食材，当地的供应链非常成熟，也有着更为广大的消费群体作为基础。这对蛙来哒品牌来说，不仅能使食材成本降低，还降低了引导消费者的成本。

无论是口味的设计，还是门店个性化的潮流装修，蛙来哒与当下年轻人的审美一致，用餐和娱乐的双向功能，增强了品牌与消费者的互动，增加了消费者对品牌的黏性。而产品的吸引力体验设计，增大了消费者复购的概率。

社交平台里有关蛙来哒的内容曝光，符合年轻人先体验再购买的消费趋势。下馆子已不只是吃饱那么简单，而是成为记录当下生活的一种渠道，具有社交属性。蛙来哒已经释放出充足的社交空间，让更多的消费者参与进来，让消费者成为内容的主导者和传播者。

在正餐品牌里，5年开170家店，蛙来哒确实是餐饮行业的一匹黑马，力压不少连锁品牌。蛙来哒还带动了牛蛙品类的消费，让这个品类持续火爆。

突破自我创新设计，成为蛙来哒近两年发展的重点方向，而新材料和黑科技让蛙来哒不只是牛蛙的搬运工。

IP也好，内容也罢，对于蛙来哒来说，已经走过了从0到1的创业过程，接下来要经历从1到N的艰辛。坚守餐饮的本质，抓住消费者的需求，相信作为曾经从事科技工作的罗清，会更加清楚蛙来哒未来的发展方向。

蛙来哒创始人罗浩的专访

❶ 在蛙来哒开第一家店之前，像长河的昱龙大盆牛蛙这种老品牌已经很火爆了，为什么仍坚选择以牛蛙为单品来开店？

在选择开店时，首先，我对比了同样体系的小龙虾，发现小龙虾受季节影响明显，而牛蛙养殖更加方便；其次，牛蛙这道菜有庞大的受众群体；另外，不少长沙人都有吃牛蛙的习惯。

❷ 在"湘菜出湘"的队伍中，蛙来哒无疑走在了前面，您认为蛙来哒能成功走出湖南并走向全国的核心竞争力是什么？

蛙来哒是找到了合适的时间，经过市场的磨炼也找到了合适的连锁加盟模式，能走到今天，重点在于创新，再就是菜品好吃。从产品、品牌、玩法、模式来说，蛙来哒都给顾客带来了既有趣又好吃的体验，这就是我们的核心竞争力。

❸ 据了解，最开始蛙来哒是做中餐、晚餐、夜宵的，后来是什么原因放弃了夜宵板块的？蛙来哒作为正餐加盟连锁的成功代表之一，是如何克服标准化难题的？

　　其实，我们一直都是以做正餐为主的经营模式，从第一家蛙来哒开始，我们就定位为正餐的品牌，偶尔也经营夜宵，后来从实际情况出发，彻底告别了做夜宵的经营模式。

　　在标准化的经营中，我们简化了菜谱，从原本 80 个的菜品到现在的 40 个经典菜品，把重点放在做正餐方面。另外，为了保证菜品品质，蛙来哒每年都会对员工进行标准化的培训，从操作流程到食材选择、产品制作、运营推广等系列培训。

　　在加强盟商的管理、品牌管理和品牌输出方面，蛙来哒一开始就建立了融人才管理、运营产品品牌等多方位于一体的加盟管理体系。这也是我们开店成功率高达 96% 以上的原因。对加盟商来说，我们对他们最大的帮助可能就是标准化水平，从严格意义上说，是多维度的标准化体系的帮扶。

❹ 蛙来哒在品牌升级改造上都做过哪些尝试和调整？

蛙来哒能有今天的成绩，真的要感谢所有的粉丝、消费者、媒体对蛙来哒的关注和支持。从一开始我们就把品牌当成自己的孩子一样在培养，前后也是经过了五次品牌升级改造，第一次的1.0版本是我们最熟悉、最经典的蛙来哒形象，之后的2.0版本就是很迷幻炫酷的，3.0版本就是黑金版，现在4.0版本就是明亮简约的，新的版本现在正在深圳试行，是一个太空的主题。这些年来我们一直在做的就是发现和探索。

❺ 蛙来哒的核心消费群体是 18~30 岁的，会拓展其他年龄段的群体吗？

现在,蛙来哒作为一个十几年的品牌，原来喜欢我们的消费者已经 30 岁，甚至 35 岁了，但是我们一直在关注市场的消费者，也会在各个平台进行探索，不断地拓展消费者范围。

❻ 作为牛蛙品类的标杆品牌，接下来蛙来哒的布局和战略目标是什么？

近几年，一些加盟连锁店的口碑直线下降，"割韭菜"事情也是层出不穷。我们现在做的就是发展健康的加盟体系，从产品产业链开始，注重对牛蛙的科学养殖、对环境的保护、对废水的科学处

理。发展创新精神，通过蛙来哒来传递这种正能量，让更多的人了
解它并爱上它。

❼ 在你看来，蛙来哒哪个产品是生命力最强的？

在销量方面，最好的就是传统的紫苏蛙锅。紫苏是湖南人喜欢
的食材，通过蛙来哒的传播成了蛙锅粉丝喜爱的食材。

第二章

靠实力打破网红品牌短命的魔咒

01

徐记海鲜：在高端中
寻找烟火气

徐记海鲜是怎么火的

作为一个 20 多年的老牌餐饮企业，徐记海鲜也开始通过创新、内容圈层营销，吸引年轻一代的消费者。去过徐记海鲜店的消费者都知道，无论是装修设计风格，还是菜品口味，徐记海鲜与传统的海鲜酒楼都不太一样。

在徐记海鲜抖音号的上方有一句"点一下又不会胖"的暗示语，让很多年轻人看了之后好感爆棚。徐记海鲜发布了众多的短视频内容，却因为扫地阿姨的一句"准点下班、天经地义"而火遍网络，这个段子不是设计出来的，而是真实的。

扫地阿姨的意外走红让徐记海鲜的经营者意识到，只有差异化的、有趣的内容，才能吸引众口难调的网友。剧情类 IP 让徐记海鲜与顾客之间有了更多的连接，如今很多顾客来店里消费，会说上一句"你们的抖音我有关注，很有意思"。

以内容来吸引消费者，是徐记海鲜的第二增长策略。相比于靠产品业务增长的传统海鲜品牌，徐记海鲜的内容营销切中了年轻消费群体的需求点。而徐记海鲜在各个平台的每一次内容发布，都不是简单地分发动作，而是有着深切的含义，端午节直播卖粽子、中秋节供应当季的螃蟹，都是顺应潮流的适时更新。对于徐记海鲜营销团队来说，每一次内容营销都是一次全新的尝试。

很多第一次去徐记海鲜的消费者以为徐记海鲜是粤菜，这样一个看似有误解的认知却让徐记海鲜董事长徐国华看到了差异的市场机会，用差异化做大做强。

徐记海鲜从成立之初就知道食材对海鲜品类的重要性，"活海鲜"一直是徐记海鲜的优势，"活"的背后是成熟强大的海鲜供应链。

作为创始人后代的年轻经营者的加入让徐记海鲜拥有了更为新鲜的活力，年轻经营者进行了一系列改革，盘活了堂食和外卖。销售数据证明，有的时候行业经验可能会固化品牌思维，必须紧跟市场，大胆创新，才会有新的发展。

徐记海鲜董事长徐国华的专访

❶ 在创立徐记海鲜之前，您一直在长沙做海鲜供应商，是出于什么原因从供应商转型做餐饮呢？

徐记海鲜前身为 1991 年创立的徐记海鲜农产品公司，作为海鲜和农产品原材料供应商，依靠诚信经营、品质至上而赢得不少酒店、酒楼的赞誉，有了良好的口碑。但是到了 1999 年，我发现，整个行业都在亏损，很多餐厅都有七八十万元的货款，那时候的七八十万元可不是小数目。我感觉那时的长沙餐饮行业正处在一个洗牌的过程中，各种问题开始显现，我也是被欠账所逼，与三个兄弟开始尝试切入餐饮业，从一个海鲜供应商，变成海鲜餐饮经营者了，这一做就是 22 年。

❷ 餐饮和海鲜供应商完全是两个不同的领域，餐饮要涉及很多方面，您之前没有做过餐饮，您是如何搭建相关管理体系的？

其实，那个时候转型做餐饮想法很简单，只有更新鲜的海鲜，才能烹饪出极致的美味。因此，"一切都是为了新鲜"成为徐记海鲜的初心。直到现在，我们企业的理念仍是"新鲜本位、适时而食"，这也是源于早期的追求。至于菜品研发、菜品搭配、后厨建设、内部管理，都是在不断地摸索与学习中总结出来的。

徐记海鲜一直注重销售当季菜品，只有当季的菜品，顾客才能吃出最新鲜的味道。为将新鲜做到极致，徐记海鲜建立了"天买天、天卖天，餐做餐、餐卖餐"的管理制度。

徐记海鲜从成立伊始，就确定了品牌＋产品的企业战略。围绕产品运营，涵盖了食材、供应链、物流、研发、环境、高端服务等，形成了企业强大的护城河。经营模式也逐步从粗放到集约化、精细化。

❸ 徐记海鲜是如何从长沙海鲜市场的破局者逐渐成为长沙海鲜市场标杆的？在这个过程中，都采取了哪些举措？

徐记海鲜能走到今天，我总结了"菜品的七个环节"：选材、新鲜、火候、本味、色泽、装盘、温度。后来这七个环节，形成了徐记海鲜的出品理念"三字经"——鲜、本、时，意思是新鲜、本味、当季。在新鲜上，我始终要求"天买天、天卖天、餐做餐、餐卖餐"——当天买回来的原料，当天要把它卖完；当餐加工好的半成品食材，当餐要把它卖掉，保存时间不超过十八个小时。

确保海鲜冰箱零库存，哪怕是龙虾等贵重食材，也绝不能放冰箱，一旦死了就必须扔掉。在二十年前，连员工都接受不了这么超前的理念，"扔掉太可惜了，能不能便宜一点卖？能不能让员工自己吃？"我的态度坚决：绝对不行。我这种斩钉截铁地做法，倒逼着我们形成了一整套食材供应预测体系，并锻炼了需求匹配的能力。这也是徐记的绝活之一。

二十二年来，徐记海鲜每一家门店都拥有一套完整的市场策略，从门店布局、市场分析、目标人群、餐饮偏好，再到门店的视觉呈现、内部设计、VI标准、服务规范、用户体验等餐饮的全流程维度都形成了自有的体系标准，保障着五十多家门店的日常经营，在竞争激烈的市场中攻城略地，不断发展。

❹ 作为徐记海鲜品牌创始人，一定是非常忙碌的，您的日常工作安排是怎样的？在这些工作中，哪些是您比较看重的？

日常巡店是我做得最多的一件事，我们做海鲜最重要的就是

保证海鲜品质，即使反复强调，还是会有不可控因素，因此，巡店就是在发现问题、解决问题。很多事情，我喜欢亲力亲为，只有熟悉每一个环节，才能做到心中有数。

❺ 目前，徐记海鲜在长沙、西安、武汉、株洲、上海、深圳等城市有直营连锁 50 多家门店，发展势头喜人。您觉得发展 3~5 家直营店和发展 30~50 家直营店有什么区别？另外，如何确保徐记海鲜在餐饮行业的领先地位？

我认为，发展 3~5 家直营店和发展 30~50 家直营店在本质上是一样的，徐记海鲜的品牌打造早期就与国际接轨，从不闭门造车，始终站在顾客的角度来打磨产品，引领市场潮流，提升顾客满意度，占据市场的制高点。在战略定位上，与全球领先的战略定位咨询公司特劳特合作；在门店设计上，与安德鲁·马丁设计奖获得者蒋建宇联合打造新一代门店。我们的眼光始终放在全球，对标国际一流企业。对于每一家实体门店，徐记海鲜形成了自己独有的商业模式，在传统餐饮的营业前端＋后厨管理上不断优化，细化到定位、选址、产品、传播、营销，确保在餐饮行业不断领先。

在大众餐饮时代，口味需求众多，地道菜式不能满足新消费人群的高性价比、高频次消费，加上消费者对健康饮食的追求，创新产品走上历史舞台。而徐记海鲜在产品的研发及搭配上一

直密切关注顾客的餐饮演进，与时俱进，不断优化湘菜＋粤菜＋海鲜的模式，打造高端正餐品牌形象，提升客单营收，既收获了大众餐饮中的主流顾客，也受到了高端正餐食客的认可，让单店ROI（投资回报率）始终维持在较高水平。

在品牌传播上，基于定位，徐记海鲜形成了自有的立体传播策略，不管是门店周边精准定位投放，还是线上大数据引流闭环，集团的战略支持中心都在为每一家门店赋能。基于不同的门店需求，形成了完整的支撑体系及相对完美的商业模式。

❻ 近年来，在徐记海鲜发生了很多大事件，比如，徐记海鲜成为入选 G20 的中国餐饮品牌，实现海鲜国内采购到全球采购等，从获得国内各大奖项到走向国际化，未来的战略布局和规划是什么？

今天，借助数字化移动互联网的赋能，传统企业也在快速转型升级，更先进的科技辅助经营，成为打造品牌的利器。大众点评、抖音直播等新模式，在不断地冲击着餐饮行业。科技赋能加速了行业洗牌，同样也加快了品牌诞生的速度。徐记海鲜深知自己的核心优势，会选择适合自己的发展战略，利用最有效、最具性价比的新技术服务于自己。徐记海鲜的使命是"领鲜世界，鲜活人生"，未来要把"奔驰战略"发展到全球。徐记海鲜的供应链采购员工现在已经常驻国外，从法国、俄罗斯等采购部分原材料，保证优质鲜活海鲜的供应。

❼ 在深圳，有不少消费者误认为"徐记海鲜"是粤菜，那么，如何引导广东地区的消费者对徐记海鲜的认知呢？

以前，我也有过迷茫的时候，徐记海鲜到底是湘派海鲜，还是经典湘菜？我问邓德隆（特劳特全球总裁），邓德隆说："你的定位就是'海鲜酒楼'。在海鲜之外加一些湘菜，这是你的特色。你和员工在海鲜的全球采购与开发方面，已经积累了十几年的独特知识，这就是你的核心竞争力——做海鲜正餐，谁也不是你的对手。"后来我顿悟了，我们就是重点做海鲜，无所谓什么菜系。

2011年，徐记海鲜旗帜鲜明地定位为"海鲜"，而不是"湘派海鲜"，把企业的资源内耗降到最低，集中所有的资源，发展优势品类。因此，现在，在全国拓展市场时，大部分消费者是知道徐记海鲜是做什么的。

02

火宫殿：被年轻人捧出圈

火宫殿能火是必然的

　　无论是在短视频里，还是在湖南电视台的综艺节目当中，只要谈到长沙的小吃，不能不说火宫殿。火宫殿已经成为长沙的美食名片，每天坡子街总店的人流量，足以说明它的魅力。

　　如果说一般的网红店是覆盖年轻消费群体的话，那么火宫殿几乎覆盖了全年龄段消费者群体。食材品种丰富，价格相当大众，能够满足不同年龄段的美食需求，这就是火宫殿强大的金字招牌。

　　火宫殿的餐饮文化，融入了当地的湘剧、杂耍、唱弹、评书、捏面人等民俗文化形式，多元化的文化在火宫殿里慢慢滋养，火宫殿餐饮和火神庙会相互成就。

　　火宫殿的臭豆腐接待了成千上万慕名而来的人。如今火宫殿所在的坡子街已经成为长沙著名的美食一条街，而火宫殿已经成为中国驰名商标，火宫殿火神庙会也成为长沙最具代表性的春节民俗庙会之一。在几百年文化的沉淀下，在新时期流量的加持下，这里或许会成为几代人的回忆。

　　民俗文化形式在不断演变，餐饮也在不断迭代创新，但餐饮的本质从未改变。姜二爹的臭豆腐、姜氏的姐妹团子、周福生的荷兰粉、胡桂英的猪血、邓春秀的红烧蹄花、罗三的米粉、陈益祥的卤味、胡建岳的牛角饺子，这些经典美食，构成火宫殿的美食体系。

无论经过多少年，火宫殿就像一个老朋友，永远在这里等着你的归来。

火宫殿总经理谭飞的专访

❶ 火宫殿是湖南长沙集传统民俗文化、火庙文化、饮食文化于一体的具有代表性的大众场所，这三种文化有何联系？

火宫殿本来是一个祭祀火神的庙，也就是形成了最初的火庙文化。最初，民众会在火神的祭日、春节，还有一些重大节日时祭祀火神，慢慢地围绕火神祭祀形成了唱戏、说书等民俗文化。紧接着，火宫殿的周围出现了一些小吃店，饮食文化也就形成了。火宫殿餐饮最初就是以小吃著称的。

花鼓戏以前是不可能天天能看到的，但火宫殿自恢复民俗文化后，天天都有花鼓戏。火宫殿每年有三次大型庙会，届时几乎全湖南省的少数民族都来这里登台表演，比如会看到像湘西土家族的茅古斯舞等精彩节目，我亲自去永顺县把传承人请过来在庙会上表演。

因此，火宫殿对湖南民俗文化、传统文化作出了重要贡献。尤其在保护和传承湘菜方面发挥了重要作用。

❷ 与同为百年老字号品牌的玉楼东相比，您认为火宫殿的独特优势是什么？

火宫殿最具代表性的湘菜是"牛中三杰"（牛百叶、牛筋、牛脑髓），以及祖庵菜里的酸辣海参、酸辣墨鱼等。最有代表性的小吃是臭豆腐、葱油粑粑、糖油粑粑。传统湘菜的技艺传承，火宫殿应该是先驱者，我们也不跟玉楼东比较，因为每个老字号都有自己的特性，玉楼东做得也很好，只是火宫殿文旅相结合的优势更加突出而已。

❸ 火宫殿是墨守成规，还是不断求变？

像糖油粑粑、葱油粑粑都是在保留传统做法的基础上进行了创新。糖油粑粑以前是油炸的，外酥里嫩，现做现吃口味最佳。现在的人们更注重饮食健康了，我们从 2003 年开始对这个小吃进行了改良。火宫殿每天要接待众多顾客，现炸供不应求，且不符合现代人追求健康的理念，于是我们改成了糖煮。改变烹饪方式，反而更受消费者的喜爱了。

火宫殿的糖煮糖油粑粑可以说是首创，后来很多店都跟着我们做起了糖煮糖油粑粑。以前，在小摊小贩上，现做现炸的葱油粑粑很薄很脆，但随着人们的生活水平提高，对葱油粑粑的需求发生了改变，所以葱油粑粑变得更加厚实，口感也比以前有了大的改善，这也是我们对葱油粑粑改良后的效果。

❹ 现在的年轻消费者普遍对老字号企业感到陌生，火宫殿在哪些方面与年轻消费者互动，以加深他们的认知？

随着网红店的兴起，老字号企业是受到了冲击。网红店基本是年轻人做的，他们更懂年轻人的消费习惯与喜好，更懂得利用自媒体的优势去传播，去占领市场。但凡事都有两面性，像火宫殿这样的老字号企业，还没有完全适应现在市场的发展、社会的变化，这是我们的弱项。现在我们认识到了这个问题，力争把这个短板补强。

❺ 如何应对来自新晋餐饮企业的压力与竞争？

　　每个餐饮品牌都有自己的定位和客户群，任何企业都做不到让所有人喜欢自己的品牌，但我们力求让更多的顾客喜欢火宫殿。其实每个人的对手是自己，我们是文旅相结合的老字号品牌，是有文化内涵的企业，祖辈留下来的东西不能丢，这是根基。

　　网红品牌此消彼长，层出不穷，但能存活下来的又有多少个呢？火宫殿不和网红店比，我们是百年老字号企业，要巩固百年基业，做长红店。我们也计划引进人才，去研究和探索与年轻人相关的消费场景、消费模式、消费理念，适应市场变化。

03

盟重烧烤：让更多人甘愿排队等候

盟重烧烤不止一把火

　　被《天天向上》称为"串王"的盟重烧烤，也是一些名人曾排队打卡的地方，如果你不把盟重烧烤列入长沙打卡美食单，那么可能会错失相当好吃的牛肉烤串。

　　从盟重烧烤的装修到品牌名，都充满着浓厚的侠气，每个食客都可以在这里找到自己的侠客梦，相信喜欢玩传奇的你，或许对店里的元素更加熟悉。

　　无论你是美食达人，还是一个普通的消费者，对待美食的态度决定了你吃完烤串后的心情。烈火牛肉是店内必点的经典单品，给消费者留下深刻印象。在烧烤行业，如果烤串过于平庸，是很难生存的，因为在烟火的熏陶下，在其他烧烤摊儿的竞争下，食客对口味的要求越来越高。

　　冬瓜山，是长沙有名的夜宵一条街，是长沙夜宵爱好者的聚集地，也是网红流量之地，盟重烧烤就在这里。盟重烧烤创业门店的大堂只有三十平方米，只能放下九张桌子，晚到的客人会自觉排队。

　　等送走最后一拨客人后，老板总会给自己烤几串牛肉，再喝上一两瓶啤酒，享受生活并检验品质。

　　可能有不少人分析盟重烧烤爆火的原因，除了所有客观的条件，也许坚持才是最主要的，没有人看见这四个长沙小伙儿创业过程的艰难，或许冬瓜山沉默的街道是最懂他们的。

　　盟重烧烤如今开了一些分店，也有不少人慕名前来打卡，而四个老板只是闷着头去做烧烤，各自忙着店面的管理和业务。对于食客来说，吃完就可以走，而四个老板需要日复一日地重复着烧烤动作，重复着采购与结账。对于一些人来说，有时候，简单重复的烧烤，或许才是对生活最大的尊重。

关于盟重烧烤联合创始人孔国强的专访

❶ 盟重烧烤这个品牌名称是取自游戏"传奇"吗？为什么会想到以此来命名？

我们几个合伙人从小一起长大的，后来又一起玩了好久的"传奇"游戏。对我们来说，"传奇"就是我们的青春，所以门店是以"传奇"中的场景命名。高正街就是莎巴克，冬瓜山是祖玛，这两个场景都是源自"传奇"游戏中的经典场景。"盟重"这个词体现的是兄弟情义。

❷ 盟重烧烤的第一家店是在冬瓜山裕南街附近，这里竞争激烈，在创业初期，你们遇到过哪些困难？

初期创业门店里只有我们四个人和九张桌子，门店很小，刚开业时也没什么顾客。后来，通过独特的口味与新鲜的食材吸引了一波食客，然后口口相传，顾客慢慢地多了。当时门店比较简单，也没有现在的高正街店的"传奇"游戏风格和冬瓜山二楼的祖玛大包厢，只是普普通通的一家小店。

至于困难，还是我们做小串的这个初创身份，一开始做小串的较少，完全没有可以学习的模式，特别是将湘西的特色与长沙特色相结合，其实很大程度上是摸着石头过河，因此，在初期创业的时候，每天都会总结营业中遇到的问题，经常会询问顾客的意见，在此基础上，不断改进。

❸ 盟重烧烤品牌的创始团队人员是如何分工的？

我们几个兄弟商量好，每人负责一个板块。在刚开业的时候，我负责门店的采购、穿串；老胡主要是负责产品的筛选、采购，老黎负责门店品牌建设与推广，师毅则负责门店运营。

❹ 盟重烧烤品牌前后经历过几次转型，可以简单介绍一下吗？

其实谈不上转型，只能说是根据市场情况慢慢做起来的。排队的人多了，我们就拓宽一点区域，后来不能拓宽了，就开新店了。高正街店生意好了，需求量大了，我们就开始在附近开新的门店。

我们还开了一些小店，这些店大多在社区周围，像北辰、湘江世纪城都有，顾客想吃烧烤，下楼即可。

❺ 盟重烧烤在外卖配送方面做过哪些尝试？

盟重烧烤的每份外卖都有三层包装，第一层是锡纸，第二层是保温袋，第三层是外包装。我们还特别在锡纸和保温袋间贴了两个暖宝宝，为烧烤保温，以免影响口感。

❻ 在消费场景、消费体验等方面，您更看重哪一个方面？

其实，消费体验是包含消费场景的，消费场景是消费体验的一部分，因此，我们更看重消费体验。当然，消费体验还包括产品和服务，我认为，这两个项目比消费场景更重要，特别是产品的味道，作为一家餐饮店，味道才是经营的根本。

❼ 与当地的其他烧烤店相比，您认为盟重烧烤的核心竞争力（优势）是什么？

盟重烧烤的菜品都是由新鲜材料制作，是我们自己每天去菜市场挑选的。我们喜欢创新，盟重烧烤是第一家做擂串的，烈火牛肉就是我们的四大招牌之一，烤黄骨鱼是我们最先推出的，蒜爆鸡也是我们的首创。新鲜和创新就是我们的核心竞争力。

❽ 为什么盟重烧烤可以吸引众多明星前来打卡？

我认为，是盟重烧烤口味得到了大家的认可，是代表长沙的烧烤品牌之一。当然，盟重烧烤装修也蛮有特色的，因此，来长沙的游客，甚至明星都愿意来打卡。

❾ 如果疫情常态化，市场环境不断变换，盟重烧烤是否想过如何应对这种情况？

首先，我们要保障门店伙伴们的安全，认真做好规定的防疫措施，为来门店的顾客提供健康保障。

其次，严格做好门店的消毒卫生，保障来店的每个顾客都有一个安全的用餐环境。

最后，想办法让顾客更方便的吃到我们的烧烤，比如，提升外卖服务，把保温措施更好升级；再比如，开更多社区店离大家更近些。

❿ 目前盟重烧烤有多少家门店？接下来的规划或战略布局是什么？

目前，盟重烧烤有四家门店，其中，两家是盟重烧烤店，两家是铁板擂串店。未来想多研发些新品，让顾客吃到更好吃的烧烤。

04

北二楼：长沙烧烤界的新晋排队王

排队就是一种爱

在长沙餐饮界流传着一句话："没在北二楼排过队，都不好意思说排队辛苦。"在北二楼烧烤排队等餐，玩手机时必须带个充电宝，预防排队时手机没电，可见北二楼在长沙受欢迎的程度。

北二楼烧烤店内是港式装修风格，让排队的顾客有了充足的拍照场景。来到老口子这个位置，很多长沙人是想找到最初的味道，对于他们来说，排队等待的过程也是一种享受。

没有一点忍耐力是吃不到北二楼烧烤的。在寒风中排队也是北二楼的常见景象，看着那些食客被冻得颤抖，还在不停拍照，甚至发抖音，你不会觉得年轻人喜欢躺平，他们只是在用自己的方式去解读世界。而短视频让更多普通人有了展示的机会，像北二楼烧烤这样的网红店，用场景拉近了与顾客之间的距离，顾客到餐厅不再是简单就餐，而是把餐厅变成了体验消费和表达社交意愿的场所。

餐饮是个最容易被误解的行业，也有不少烧烤店照着北二楼的装修设计，可是并没有得到他们想要的那种火爆。很多人做餐饮，奔着挣钱去，最后却挣不到钱。急于成功的人是无法理解真正热爱餐饮的人，也不会看到成功背后的努力和坚持，当然也不会知道光鲜背后最难的那段日子是如何熬过来的。

对于排队，消费者已经不再是前几年的认知，平台排名只能吸引消费者一时，如今的消费者非常理智，他们拥有自主判断和独立思考的能力，不再会因为一张榜单而趋之若鹜。这也让餐饮人回归餐饮的本质，因为味道才是根本。

北二楼能够成为长沙烧烤夜经济的代表品牌之一，显示了其独特性和吸引力。但是这种消费热爱是否能够持续，需要经营者深度思考。

如今的消费者对于品牌店的忠诚度呈下降趋势，这让很多品牌店没有安全感。当然，反过来思考，这也是一件好事情，能激励这些品牌不断创新，用味道长期吸引消费者。像北二楼这样的网红品牌店，就在这样的市场中不断去激励自己和提高自己，让品牌与消费者保持并进的对等关系。

北二楼联合创始人刘彦的专访

❶ 北二楼的前身是牛久记，是出于什么原因更名为北二楼？

2019年，我们开始找大的店面。当时有个顾虑，就是不想离牛久记太远。运气还不错，在天心路上离牛久记五十米的地方找到了一处店面，这处店面是在牛久记北边的二楼，因此，称为北二楼，这个名称方便顾客记忆就定了下来。这就是北二楼名字的由来。

❷ 从建湘路经营六年的门店换到现在天心路门店，并做了更名，您觉得变化大吗？

我是觉得生意更好了。以前是以烧烤为主，现在变成了大排档，北二楼的产品包容性会更强。只要可以在夜宵里出现的且能够与湖湘文化结合的餐饮品类，都可以在我们的排档里面找到，所以现在顾客越来越多。

❸ 产品不断丰富，也更加切合消费者的需求，北二楼的品牌影响力在不断扩大，在这过程中，北二楼是如何运营的，创始团队是否有变化？

因为北二楼是从小店做起的，所以只有三个负责人，我们三个负责人都是"85后""90后"，想法也近似。北二楼现在只有两家店，每个人负责的东西相对单一，有的人对货源、菜品负责多一点，有的人对店铺的运营、营销负责多一点。

❹ 如何理解北二楼的广告语：稳坐长沙夜宵其中一把交椅？

我认为，在长沙做得好的夜宵品牌、餐饮品牌有很多，所以坐稳其中一把交椅，是我们的愿景，也是我们的长久目标。我们希望做到消费者要吃夜宵的时候，能够想到北二楼。

❺ 北二楼的夜宵品类中，最核心的产品是什么？

其实，北二楼也算是没有非常核心的产品。如果非要选一个核心产品，可能是烧烤或者说以海鲜为主的菜品。换句话说，我们在每一个产品上花的心思都差不多，因为我们希望顾客点菜的时候不"踩雷"，让大部分顾客都觉得好吃，这是我们想要的结果。

从顾客的点单率来看，我觉得核心产品分布还是比较均匀的。因为顾客是来吃夜宵、大排档的，肯定会点烧烤。然后，再配一些凉菜，配一个大的海鲜类产品，所以菜品的分布比较均匀。

❻ 从菜单来看，小龙虾似乎是主打，口味也挺多，并且还有罗氏虾和青口虾，像虾这种食材，怎么保证食材新鲜？

北二楼有两个骨干人员作为采购员，在拿货环节对商家要求很高。我们不仅会对比小龙虾、罗氏虾、青口虾的大小，还要求这些虾一定是鲜活的；对运输过程也严格控制，运过来的路上有死的或者不新鲜的，都会退回去。这是我们做餐饮最基本的要求。

味道方面，每个人有不同的口味，我们唯一能保证的是食材是最新鲜的。小龙虾会有季节性，目前我们的产品线比较丰富，大家也会集中在夏天的时候吃小龙虾，如果过了夏季，消费者会选择吃青口虾或者罗氏虾、螃蟹，我们为了顾客有更多的选择，就没有主攻小龙虾这个品类。

❼ 我看到北二楼的口味选择还是挺多的，然后也看到大众点评、小红书上面消费者评价也挺高的，是怎么进行口味研发的？

我们会不断地学习，不管长沙本地还是外地的夜宵品牌，只要是在夜宵品类内做得好的门店，我们都会去学习，也会带厨师团队一起去学习。比如，粤式的菜品里面有哪些东西可以融合到湘派的夜宵里，就是我们研究的一个方向。在经营过程中，我们会把学习的东西加以调整、创新，会结合长沙本地人的口味来做研发。通过采购、调整、试味，进而确定菜品的样式、分量，一系列流程下来，产品从研发到上菜单，进而端到消费者面前平均需要半个月。总体来说，还是需要做本地人能够接受的口味，毕竟我们经营的重点是打造长沙夜宵、长沙大排档。

❽ 不管是之前的牛久记，还是现在的北二楼，持续火爆的原因是什么？

口碑宣传很重要，好的产品自己会说话，我们从一个很小的店子（牛久记）开始，就一直是老顾客介绍新顾客。外地游客来长沙旅游，也会看本地人吃什么，会查口碑好的店。

其实，我们在营销方面花的心思并不是很多，做餐饮还是靠品质取胜，我们的店已经开了七年，我觉得要靠口碑的积累才能长红。

❾ 从天心路的街边店到核心商圈，是基于怎样的思考？如何看待店里特设的排队文化？

天心店排队的人太多了，很影响顾客的体验感，所以我们想把顾客分流到核心商圈，因为很多游客在五一商圈附近活动，知道北二楼有新店了，就会选择到这边，天心店排队的压力也会相应减少。

将心比心，我自己出去旅游，是不愿意排队的。因此，我们没有对排队文化有什么特设，也不希望看见顾客排长队。我们会开第二个新店，就是因为想分流，希望把排队控制在一定的时间内，让顾客能吃得开心。

❿ 北二楼的厨师团队比较年轻，基于什么考虑的？

我们有很多东西需要创新，与年轻的厨师沟通起来比较方便。

⓫ 与其他的夜宵品牌相比，您觉得北二楼的核心优势是什么呢？

随着时间的变化，北二楼提升了服务水平，卫生、环境也得到了改善，但给顾客呈现的仍是这种随意感，因为我们的核心优势仍是大排档。排档是可以随时和朋友聚会的一个地方，包容性

很强，市井风味比较浓厚。

⓬ 在经营方面，接下来是走直营，还是走加盟路线？

目前，有两家直营店，2022 年应该不会再开新店。我们想先把坡子街新店做好，把菜品做好，树立良好口碑。

⓭ 现在，店内的整体风格是借鉴了 20 世纪 80 年代的夜宵大排档的风格，还是融合了新旧元素？

是的，店内的装修借鉴了 20 世纪 80 年代的夜宵大排档的风格，还有一些港风元素在里面，那两个霓虹灯就吸引了很多潮人前来拍照打卡。其实，我觉得大排档本应吵吵闹闹的。另外，做那种霓虹灯的小装置，是考虑到现在的年轻人喜欢拍照打卡，从而也帮我们起到了宣传推荐的作用。

05

公交新村粉店：长沙当地人都觉得好呷

火了几十年的粉店

　　说到嗦粉，就不得不是公交新村粉店，这家在 1990 年创立的长沙老牌粉店，几乎每一天都有顾客在排队。

　　作为长沙好评率较高的米粉店，公交新村粉店成为众多食客嗦粉殿堂级的打卡地。在长沙的嗦粉指南里，都会推荐公交新村粉店，它已经成了长沙米粉界的"扛把子"。

　　有着 30 多年历史的老店，自然少不了老顾客光顾。附近的大爷、大妈经常带着孙子、孙女来嗦粉，在嗦粉时他们也许会想起自己年轻时候的样子，回忆起年轻时追梦的时光。

　　在档口，各种码子配着汤头的烟雾缭绕，夹杂着长沙当地的方言，顿时感觉充满了生活气息。冬天，你会看到穿着睡衣来嗦粉的年轻人；夏天，你也会看到穿着拖鞋来嗦粉的中年人，这都表达了他们对公交新村粉店的喜欢。

　　有些大学生在毕业之前专门来公交新村粉店嗦碗粉，因为下一次嗦粉不知道是什么时候。可以说，公交新村粉店，见证了一些人青春的美好时光。

　　曾经有一个年轻人来店吃了一碗青椒肉丝粉和猪油拌粉，走的时候还让服务员在门口帮忙拍照。虽然不知道这个年轻人过去经历了什么，但可以确定的是公交新村粉店给他留下了美好的回忆。

　　希望有一天你再回来的时候，已经不再是为生活苦恼的人。

公交新村粉店创始人周亮的专访

❶ 据了解，公交新村粉店最初是在开在家属楼里，后来为什么会搬到街边商铺？

其实，我们真正注册公交新村粉店是在 7 年前，大家都说去公交新村吃粉，就注册了这个名字。

粉店从 1990 年开始经营，后来慢慢火了起来。2019 年，从家属楼搬到现在这个位置，就是为了满足顾客的需求。

❷ 目前，公交新村粉店在大众点评粉面热门榜排名第一，能取得这样的成绩，取决于什么？

最主要的应该是匠心。最初创立粉店，是因为下岗了，还要照顾孩子，所以选择了创业，一点一点把生意做起来了。做餐饮最辛苦的就是十年如一

日的早起，否则，新鲜的食材就被别人选没了，品质就是从这样的坚持开始。

另外，从开始开店，我就一直把顾客当家人，坚持跟顾客聊天，听取顾客意见。

❸ 店里的米粉口味并不多，这是对长沙米粉味道的坚守吗？

其实，以前的长沙米粉是没有炒码的，为了满足顾客需求，我们开辟了新的炒码区域。我们尽量坚守老长沙的口味，所以口味选择并不多，因为顾客吃的不仅仅是米粉，而是那口老味道。

❹ 坡子街店的开业让顾客感觉公交新村粉店的变化，新店的这种装修风格上是基于怎样的考虑？

这样的装修风格，是接班人提出来的。设计师认为，我们店的窗户就是小时候的那种，于是就以那个时候为基调，融合了20世纪80年代的记忆和现代的风格元素，墙上瓷砖的花纹也是模仿以前楼道的风格。同时我们也对厨房进行了重新规划，使店面更加宽敞。

❺ 综合各项数据，雪里蕻牛肉码子是店内销量最高的米粉品种，它的特别之处在哪里？为什么深受消费者喜爱？

据我了解，以前，只有在长沙可以一年四季吃到雪里蕻，而且店里的雪里蕻都是经过秘制加工出来的，有一股很清香的味道，加一点肉末在里面，会使雪里蕻更清香，而且现在的年轻人注重饮食健康，所以，这样一道极具广东味道的米粉深受顾客喜爱。

❻ 选择 24 小时不间断营业是出于什么样的考虑？是否会遇到阻碍（人员排班、时间分配等因素）？

坚持 24 小时营业主要是为满足顾客的需求。要是营业 20 个小时，如果有一些外地的顾客专门跑过来，但不知道营业时间，就容易失望而归，所以我们从 2020 年开始 24 小时不间断营业。阻碍其实没什么，关键就是坚持。

❼ 粉店每天接待多少客人？销量最多的时候一天能卖多少碗？店里的各项准备工作分别需要多长时间（熬汤、制煨码和蒸码、配菜制作等）？

2012 年以前做过一个统计，早上 5 点到 2 点日售 3 000 碗，现在翻了一番，能卖 6 000 多碗。

一般来说，每天熬制 10~12 个小时的老母鸡需要提前准备。其他的码的准备，因为是 24 小时营业，用完一锅就继续做，没有什么特别的。

❽ 新的一年，有什么战略规划？

其实，现在已经开了五家新店，因市场的影响，现在开店的
速度放慢了。只有看到合适的店铺，比如，人流量高的地方才会
考虑。目前的战略就是稳中求发展，不会发展得太快，确保质量
过关。

❾ 从老店到现在的店，和顾客之间有些什么故事？

从最初家属楼的 60 平方米到 180 平方米，到如今的店面，
有很多吃了 20 年的老顾客，也有不少顾客从小吃到大。有一个
退休老教师，在我们搬店装修的那段时间一直吃不到我们的粉，
老是问我们什么时候才能开业，而且告诉我们没吃到粉的这些天
他瘦了 6 斤，他几乎是一日三餐都在店里吃的。

第三章

新媒体加持下，迅速蹿红并颠覆了传统餐饮

01

七七地摊火锅:
强反差走红抖音

为什么七七地摊火锅这么火

长沙的七七地摊火锅似乎在一夜之间火遍社交网络。随着店面的爆火，关于七七地摊火锅的话题也上了微博热搜和同城搜索排行榜，随后复制七七地摊火锅的店面数不胜数。

七七地摊火锅能够火起来最直接的原因是地段好：紧临地铁，消费者乘地铁可直接到达门店；负一楼的商场也能直通七七地摊火锅店。这两项便利使得来店消费的顾客不受天气影响——稳稳的客流量。

更重要的是，七七地摊火锅店的老板娘在抖音爆红，长时间霸占抖音美食人气榜第一名。借助自媒体的传播力，吸引了众多加盟商前来咨询加盟事宜。

相比于传统的底料火锅，七七地摊火锅源于湘菜的小炒，底料是现炒的，颠覆了提前备好底料的传统火锅，找到了一个差异细分市场。看似红海的火锅领域其实还是存在很多机会的，七七地摊火锅的底料创新正是对这种机会的把握。

湖南是湘菜的发源地，其实很少有火锅这个品类。而七七地摊火锅在长沙成立，在菜品上形成了差异化，在同其他品类竞争

　　时就有了一定的优势。在品牌认知不强的当地火锅领域，七七地摊火锅有了相对公平的市场机会，也给了消费者认识这个新品牌的机会。

　　七七地摊火锅其实研究透了夜经济里的场景消费情绪，装修风格和菜品设计都让顾客看了之后有消费欲望，同时市井里的烟火气激发了在外打拼的异乡人浓厚的乡愁。很多消费其实就是情绪和价值消费，而不是冰冷的物品消费。

七七地摊火锅创始人肖勇的专访

❶ 为何会想到以七七来作为品牌名称？

七七有两个寓意：第一，用湖南话说，七七就是吃吃的谐音；第二，我们有一个叫范七七的达人，以他的名字来作为这个品牌 IP。因此，就有了七七地摊火锅这个名称。

❷ 地摊火锅起源于贵州，为什么会想到用这个概念？

我知道，贵州有地摊火锅，地摊火锅的概念是从贵州传出来的。但是这个现炒底料的形式不是源于贵州。我在策划新项目的时候，突然想起我小时候，奶奶给我做的现炒火锅。

因为小时候住在农村，家里条件不是很好，好不容易才能吃顿肉。在我的记忆中，家里会拿把几片猪肉炼一下，然后涮一点肉片，把这些肉片吃完之后再涮点青菜，与现在的火锅类似。

我觉得这应该是一个不错的火锅形态，就查了一些资料，果然在贵州有这种地摊火锅。于是，我没有另起一个名字，觉得地摊火锅的市场已经得到了一些验证。我没有改地摊这个名词，只是说七七地摊火锅店源于小时候的记忆。

❸ 七七地摊火锅打造了一个独特场景，是希望给聚餐者一个什么印象呢？

为什么会选择这种矮桌子、矮板凳，然后做成市井的风格？其实，这还是要回归到地摊的概念上。我们觉得，贵州的地摊火锅有一定的时间沉淀，但它们多是夫妻店，没有形成品牌，而我希望把它做成一个发展的品牌。

七七地摊火锅把姿态放低、把座位放低，然后把这个环境变得更加市井，整个用餐氛围会更加接地气，就有了这样的风格呈现。

❹ 七七地摊火锅品牌发展势头迅猛，短短 3 个月加盟突破100 家的秘籍是什么？

我做餐饮行业有 7 个年头了，我们也在研究做大这个项目。

从表面看，好像七七地摊火锅的发展速度还挺快，或者是市场占有率还挺高，其实，我认为，它的底层逻辑是单店模型。因为之前也做过其他的项目，这些项目的投资相对比较重，可能有的投资高达两三百万元，发展也是一般。

为什么我们这个项目能发展快呢？第一，财务模型适合，投资比较低，可以低成本把店开起来，减轻经营压力；第二，经营模式有所创新，有了较好的单店盈利模型，使得生意变得更好，回收成本也比较快，相应的，也加快了开店速度，能快速提高市场占有率。所以，我觉得单店模型才是决定一个项目快或慢的因素和基础。

❺ 从火锅品类的市场发展规律来看，冬季应该是火锅市场最火爆的时间，但是七七地摊火锅好像能适应各个季节，这是为什么呢？

我一直在思考，我们湖南人能不能做出自己的火锅呢？因此，就有了湘味火锅这个概念。我认为，七七地摊火锅是湖南湘味火锅的开拓者，为了做好这件事，我们融入了很多湖南的特色产品，比如，腊八豆、剁辣椒等。这有什么好处呢？可以在中午吃火锅，吃完火锅，火锅底料可以用来拌饭，舀一勺腊八豆、剁辣椒，然后加上火锅里肉渣，再有一些荤的、素的菜，拌在米饭里，特别好吃。

在最热的夏季，我们做的火锅不会像四川火锅那么重麻，没有麻味，只有香辣味，这也可以说是对四川火锅的一种创新。

6 七七地摊火锅从开始就一直是爆红的状态，它不是一夜爆红，而是持续爆红，您觉得这是偶然的现象，还是因为前期已经打好了良好的市场基础？

所有的成功一定都不是偶然，它一定有必然的因素。七七地摊火锅这个项目在开第一家店之前，已经准备了将近半年的时间，不管是财务模型、产品模型、营运模型、营销模型，我们都做了详细的规划。所以说，不管是产品的设计、内容的搭建、团队的管控以及模型的建设，还是渠道的营销和准备，其实前期都花了很多工夫，所以才有了这样的一个基础。

我当然希望店能够持续爆红，七七地摊火锅首家店是万家丽店，现在还是保持中午、晚上都会排队的状态，像很多网红店可能火一个月、两个月，甚至三个月，我们现在爆火快一年了，这就说明了品牌的底层逻辑是适合的，单店模型、复购率、高性价比，让顾客吃完之后还会再来吃。

❼ 七七地摊火锅确实也是被赋予了网红店这个标签。您是如何看待这个问题呢？

我觉得，能成为网红是一件非常荣幸的事，谁又不想当网红呢？我前两年读过一句话，在餐饮行业激烈的竞争环境下，品牌创始人能把品牌变成网红，是团队的基本功。

谁都想让自己的店成为网红店，而且是可持续的网红店，也包括我自己。

❽ 作为"90后"创业者，您有什么好的建议或者思路给同龄的创业者们？

作为"90后"的创业者，我给出给同龄人的建议就是，不要创业或者说不要轻易创业。公司年会的时候，我当着全体同事

的面，分享了我七年以来的一些经历，前前后后简单地数了一下，踩了十个坑不止，当然这十个坑只是我真实踩的坑的十分之一。

所以说，在创业的道路上，你会面对各种挑战与困难。首先，你是否有很强的毅力，你是否对行业有敏锐的判断力，你是否能抵抗强大的压力。其次，你是否有足够强的领导力、统筹能力，都是决定成功与否的重要因素。把一个店变成网红店好像看起来不难，但是把一个企业做好，就难很多，它需要多维度的能力。

不是说我今天开了一个店，开好了，就代表着你创业一定能成功。所以，曾经有很多朋友问我要不要创业或者给出一些创业的建议，我其实说的都是不要轻易创业，一定要选对了，要对自己有一个清晰的认知——你是否能接受创业失败带来的所有痛苦以及后果。假如你能接受，手里还要有几张牌，也要明白你能为这个事付出多大的代价？我觉得把这些问题都想清楚之后，再去分析市场、去选赛道，然后一定要做好九死一生的准备。

❾ 您觉得年轻人做餐饮与年长者做餐饮的本质区别是什么？

由于现在的消费者多是年轻人，年轻人更了解市场消费需求。当然，年长者更有社会经验，两者合作是最好的。

❿ 七七地摊火锅在品牌运营道路上好像一直都非常顺利，不知道在运营中遇到过什么瓶颈，又是怎么解决的？

每天都会遇到瓶颈，我们表面看起来好像发展比较迅猛，也比较顺利，其实创业就是每天都在迎接挑战，然后不断解决困难。

我觉得每天都是新的挑战，比如，团队风控的问题、团队管理的问题都是急需解决的问题。每个企业每个阶段都会面临不同的困难，就看能不能有效地解决这些困难。团队目前没有特别大的瓶颈，多年的经历已经让我们对这个行业有一定的认知了，所以我们都会尽可能去规避一些风险，但是每天的小挑战还是会存在的。

⓫ 现在有的火锅品牌，尝试着融合、跨界，比如，有KTV加火锅的模式，还有酒吧加火锅的模式，您如何看待这种现象？

我们不会跨界融合，最多会采用品牌联名合作，像我们现在跟文和友在合作。

我定义为"A+X"模式，A是自己本身的项目品类，比如，

KTV 加火锅,它的基础形态仍是个 KTV,只是融入了火锅的一个形态。这是噱头也好,是一个产品也好,或者是一个卖点也好,但我认为,现在 A+X 还不够,A+X 之后,还需要 +Y、+Z,只有这样,才能在这个竞争激烈的市场上获得发展机会。

⑫ 在走出湖南市场、对外招商的时候,您是会坚持原来的口味,还是会根据不同的地区做适当的调整呢?

餐饮的本质是口味,我非常认同。但是有句行话说,好吃的东西做不大,做得大的东西不好吃。口味变与不变,取决于我们的模型,以及供应链。

找到可量化标准,还能保证它的口味,这是我们企业面临的

一个挑战。对于外省的市场，我们会做一些轻微的调整，比如，在辣度、咸度上会不一样，但是我认为，湘味火锅一定要基于湘菜基础，才能发展得更好。

⑬ 如果餐饮品牌要想获取较高的流量并得到商业转化，您有什么好的建议吗？

首先，项目有传播因子，也就是每一个项目都有可视化的、可传播的内容。现在是一个视频化的时代，要传播你的卖点，传播你的场景，像文和友的文化场景、茶颜悦色的整体形象。

其次，准备好能匹配你传播因子的内容，也就是你如何把它呈现出来。同样的东西，通过不同的视角，呈现的结果是不一样的，换种文案，可能给观众的感受也是不一样的。

再次，你要选对渠道，也就是你的品牌适合在哪些渠道去传播。现在新媒体渠道有很多，比如大家熟悉的抖音、朋友圈、快手、B站、小红书、大众点评等，我们不想放过哪一个平台，但是一定要选对与品牌风格相符的平台。

最后，平台留存，其实就考验你的产品能力、服务能力了。

由此可见，在线上把一个店推广好，其实是一个整体的闭环，它不是单方面的、一个维度的思考。

⑭ 七七这个品牌的壁垒在哪里？

七七品牌的壁垒，我认为存在以下两个方面：

第一，先发优势。我觉得这个社会上百分之八十以上成功的项目其实都有先发优势，我先干，你没干，所以我就占领了市场，你就没有机会了。我们开拓了一个湘味火锅的形态，我认为这是先发优势，尤其现在市场的渗透率比较高，入驻了湖南几乎所有的地级城市，或者不久之后我们会入驻湖北、入驻江西。

第二，全域营运能力。我们有基础，对新消费品牌的全域营运能力比较强。我在从事餐饮行业之前，在湖南广电工作过，有一些传媒经验，虽然对于餐饮行业，我是新入局者，但是有同行说我可能是餐饮里面最懂传媒的，传媒里面最懂餐饮的。我觉得好像两头都不是很优秀，但正好也切中我们企业的一个定位——把两者的优势结合在一起。

⓯ 七七地摊火锅以后有什么样的战略、目标和规划呢？

我们还是希望能够更加夯实团队的业务能力，做好每家门店的运营与管控。因为这个项目主要是做下沉市场，会开到地级市，甚至县级市。现在项目的反馈都非常好，它的成本低，客单价虽然也不高，但整个运营健康。

对于以后规划：第一，我还是聚焦七七火锅这个项目本身，希望能够把市场的占有率做得再高一些，然后定一个门店数量的明确目标；第二，公司可能计划再孵化第二个项目，还会是新消费、新零售的产品方向。

岁月斑驳，
灯芯糯香，
是穿越时空
的船票

南一门

02

南一门：在传统记忆里寻找全新的味蕾留存方式

湖南老字号
Hunan Time-honored Brand

南一门的慢能贯穿我们的一生

　　南一门作为长沙老字号的糕点品牌，在过去物质并不丰富的年代，节日里能有南一门的陪伴就是一种莫大的幸福。那个时候并没有送伴手礼的习惯，有的只是逢年过节的改善生活，很多品牌都是伴随着时代发展而不断扩大的。

　　相比于年轻的烘焙品牌来说，网络上几乎找不到太多有关南一门的文字记载，它更像是藏身于闹市中的"隐士"，慢慢地把每一个产品做好，其他的都交给时间。这一坚持就是108年，相比于人的一生来说，这算是相当漫长的。

　　无论是如今国潮风格的南一门，还是曾经包装简朴的南一门，产品味道在108年里从未退化，这可能与南一门创立时候的初心吻合，而这只有南一门的第一代创始人能给出合理、确切的答案。

　　每一代人对于糕点都有一份自己的态度，也许你小时候觉得父母太俭省，只在过节时买糕点，而你并不知道那个时候拿出买糕点的钱是攒了好久的，父母的纠结在那个年代再正常不过了。如今物质生活富裕起来后，糕点早已经从节日礼品转变为日常中生活的零食。

　　南一门作为长沙老字号的糕点品牌，一直在与时俱进中保持自己的特色，一个品牌历经 108 年是多么难能可贵。你可能对这个数字没有概念，但是你能从南一门店里那些老奶奶和阿姨们脸上的笑容、眼中的泪花感受到时间是多么有分量，对于一家糕点店，百年历史是如何的辉煌。

　　比起那些网红糕点品牌，南一门没有太大的流量，在很多年轻人眼中，南一门像一个步履蹒跚的老人，而正因为这种慢，它才具备穿透很多人一生的力量。在时间的流淌中，不知不觉中就离不开了，它比我们老朋友还亲切。

南一门第五代传承人韦佳辰的专访

❶ 南一门品牌至今已有108年了，传统的牛奶法饼、灯芯糕、怪味豆、中秋月饼现在还保留着吗？

这些都还保留着。

❷ 南一门中秋月饼的做法跟别的品牌有何不同？

南一门月饼仍按照以前传统的做法，包括用料、工艺都跟传统一致，只是在配方上做了一些优化升级。现在的人比较注重健康，以前的月饼最大的问题是太油腻了，现在我们对降油、降糖做了一些微创新，新式月饼不仅适合老年人，也满足了年轻人对口感的要求，我们保留了传统小吃。

❸ 都有些什么样的购买渠道可以买到南一门的糕点？

除了超市以外，我们有自营店，现在机场、高铁站也有一些门店在销售南一门的糕点，还有一些团购渠道和我们的淘宝店，都可以买到南一门的糕点。

❹ 南一门的糕点有关年轻消费者设计的产品吗?

肯定有。之前就做过一款脆皮糕，里面比较软，外面是脆皮，吃的时候有"爆炸"的感觉，适合现在的年轻消费者，他们喜欢这种令人惊奇的东西。

我们又研发了一款软心酥，也是结合了年轻消费者的喜好。用中式的酥皮包了水果馅儿。现在的年轻人一般比较喜欢吃水果馅儿，这款糕点推出以后非常受欢迎，不少孩子也喜欢吃。

❺ 2021 年 9 月，南一门进行了全面的升级，都从哪些方面进行了调整? 为什么在这个时间有这样的调整?

随着网络的发展和消费群体的更迭，为了满足"90 后""00 后"的需求，我们不仅对包装进行了全新升级，还对 logo 进行了重

新设计，包括色彩、UI 和产品，我们都做了全面升级。

比如，"南一门"的 logo，是请了年轻的"90 后"团队设计的。南一门就是两个一，代表"Number One"的意思。logo 选用的玫红色，也是比较年轻化的色彩。

手提袋也做了升级，以前是橘色的，现在也把它升级成玫红色，这有两方面的考虑：第一，是为了品牌形象展示完全统一；第二，迎合现在年轻消费者的喜好。

其实我们谋划迭代升级也有一年多了，但是这个设计要经过前期的沟通和消费者调查，要做市场调研，需要跟年轻的"95 后""00 后"做了一些沟通，到最后定了调，才会全面铺开。

❻ 升级后的店面是什么风格？全新升级后的黄兴广场店主题关键词是伴手礼、长沙小糕点，怎么理解这些关键词？

升级后的店面用了很多网红品牌都在用的一些元素，我们在年轻的色彩元素上结合了国潮风格设计，才推出了这么一个新的形象。

现在的年轻人不崇洋媚外了，现在他们都对国潮风格感兴趣。我们的"步步糕升"和"论艺手"都是由"90 后"设计的，从推出市场到现在，在品类里都是"爆品"。

我们对传统糕点也进行了一些重新定位，目前就是要做长沙特色的伴手礼。我们去过很多城市调研，发现以前的伴手礼就只是能吃而已。也许以前整个市场都是这样的，后来我们感觉不能这么做，一定要升级，要做好吃的伴手礼和特产，要做能让顾

客回头、会复购的产品，同时这些伴手礼还能把长沙文化传递出去。随着定位越来越清晰，现在就是希望我们的产品和品牌，无论是外地游客还是长沙本地人，能够带出去、愿意带出去，也能够传播长沙糕点美食文化。

❼ 目前，南一门的招牌产品是什么？糕点和伴手礼的比重分别是多少？这样设置的理由是什么？

法饼、灯芯糕和怪味豆是南一门最具特色的三个产品。现在，我们开发了很多新品，也对不少糕点进行了新的升级，包括刚才说的脆皮糕，之后的软心酥，现在的爆品就是葱油粑粑饼。葱油粑粑是长沙的一个传统小吃，历史比较悠久，相当于是火宫殿的糖油粑粑，很有代表性。

❽ 与墨茉点心局、虎头局相比，南一门的优势是什么？

在零售和创新方面，墨茉点心局、虎头局确实值得我们学习，因为这些店的糕点让顾客感觉非常漂亮、非常精致，走的是国潮风，他们也很擅长利用互联网销售，营销也做得不错。

我们虽然有浓郁的老字号气质和厚重的品牌背书，但是也有自己的不足。现在我们也在向这些品牌学习一些新式的东西，比如，把糕点做得漂亮一点。我们请了一些很著名的研发师，许多头部品牌跟我们合作，做了一些有品牌背书且切中市场需求的产品，相信我们能更进一步。

当然，我们也有这些品牌不具备的优势，比如我们有自己的工厂，在产能方面很容易形成规模化。在研发方面，我们还是比较先进的，与北京、上海一些著名的院校进行了合作，也聘请了一些导师做产品开发。

我们拓展了机场、高铁站这些渠道，包括大的采购渠道，还与长沙一些比较知名的餐饮企业、酒店进行了深度合作，这也是我们独特的优势。

❾ 您是第五代传承人，现在是由您来把握品控？

我刚接手的时候也不懂，但是随着这几年的升级改造，我时常深度参与产品研发，更贴近市场，也算是熟知了产品和渠道。我们之所以能够跟很多头部的企业合作，是因为在跟他们沟通的时候，知道他们想要什么，也知道怎么帮助他解决问题。

我们现在是速度和质量并重，保证品质。

第一，打板速度快。与网红品牌合作，我们都是沟通一天后，第二天就立刻打板，他们觉得我们的速度非常快。

第二，出品的速度非常快。我们跟包装厂家都是深度合作的，定制一个礼盒，别人印刷可能都要半个月，但是我们三天就能出成品，而且还不限数量，大小批量的都可以做，甚至可以做20盒，但是别人可能做不了这么小的批量，这个就是我们的快速反应。

第三，研发很快。研发的快速保证了品质。

这些都是我们比较占优的地方，当然这是建立在我们懂这行，知道具体操作流程的基础上，否则的话，经过业务再跟领导沟通，在反馈的过程中，其实很多东西、机会就流失掉了。

⑩ 对品牌有一个什么样的规划和布局？

现在的消费群体完全发生了改变，我们需要研究新消费群体，尤其是"90后""00后"的消费习性，还有老一辈对传统糕点的做法。

目前，我们加大了产品研发力度，跟更多年轻的研发院校合作。在渠道方面，我们可能

会开更多的社区店，渠道要下沉。之后会做一些非遗传承，跟各个院校进行连接。在互联网营销方面，我们还要加大力度，比如进行抖音直播，这一块是我们欠缺的，也是我们将来要努力做的。

⑪ 社区店的规划是怎样一回事，是要抢占市场吗？

社区店在规划当中。因为社区店业态就像以前的商超一样，现在都是这种便利店，渠道更加分散，但是分散的每一个点又很集中，我们现在也在构筑这一块。我们会选择做特产，就是这么来的。因为当时竞争的格局不一样，我们把特产做得很透了。

因为我们是自己革自己的命，就是要让我们的产品跟得上形势发展，比如，葱油粑粑现在卖得很火，其实研发已经备了三款

新品。我们不跟同行恶性竞争，遵循的是人无我有，人有我优的原则，我们跟一些老字号的同行现在都是朋友，我们也有一些坚持，我们不打价格战，也不去抢同行的客户。按照这样的原则经营，那么这条路就越走越宽。

⓬ 南北特和南一门是什么关系？

很多人就搞不清楚南北特和南一门是怎么一回事，其实我们的品牌是有两个老字号。南一门创立的时候在黄兴南路的正步行街上，是 1913 年开的第一家店，当时不知道起什么名字好，创始人就想到既然是南门口第一家南方食品店，干脆就叫南一门算了，因此而得名。后面 1956 年公私合营之后，一直到 1964 年改成南北特，就是南北特色的意思，这个名字沿用至今。我们接手之后，就申请了两个老字号。目前来说，我们是一个品牌叫南一门，一个品牌叫南北特，我们现在是这个行业里唯一的双老字号企业。

03

王捌院子：开启在长沙吃甲鱼的高规格模式

甲鱼世界里的野蛮美

　　把柴院和庭院结合起来，是王捌院子的特点。你在这里可以感受朴素的青石板，也能感受到整齐划一的食材排列，每一个院子的名字都是按照不同的方位标在墙壁上的。杂而不乱的江南风韵，是很多顾客对王捌院子的印象。

　　王捌院子的创始人胡康乐师从湘菜泰斗许菊云大师，也许是师门渊源，也许是胡康乐的自身认知，他对甲鱼菜的热爱是一般人无法理解的，他可以为了甲鱼菜的食材而翻山越岭，也许保证食材的品质是一个厨师的坚持。

　　从社交平台上可以感受到顾客对王捌院子的喜爱，这些喜爱是有缘由的。王捌院子的名字给人以野

蛮美的感觉，或许是经常穿梭于各个菜馆尝菜的缘故，相比于都市商务宴请的繁重，更多的人来这里是为了短暂的放松。

厨师能够保证的是食材被烹饪后的口感和外观，王捌院子的厨师放弃了甲鱼传统的清蒸做法，而是采用创新做法，在甲鱼的制作上追求极致。

相比于传统农家乐的质朴，胡康乐为了打造王捌院子花了不少心思。他不是对院子进行简单的堆砌，也不是低成本运营，而是把流水席做成高端品牌，把小院风做得高端化，让更多顾客愿意放下繁忙的工作，放慢节奏，来这里轻松一下。

昂贵的食材用最朴实的方式呈现，在开放式厨房营造出最本真的用餐氛围，小院搭配甲鱼的消费场景，能够让顾客牢牢记住王捌院子。

甲鱼是高营养的菜品，放在柴院和庭院，是一种降维的菜品玩法，让更多的人用恰当的花费吃到高营养、高品质的菜品。顾客从内心已经有了愉悦的体验感。

大多数餐饮经营者都盯着都市餐饮，在这个竞争激烈的消费市场下，胡康乐的差异化经营给了王捌院子一个新的机会，也给城郊餐饮品牌提供了新的经营思路。餐饮的模式一直在变化，只要你的菜品或场景能够满足消费者的某个需求，切中消费者的某个痛点，相信他们就会持续消费。

王捌院子创始胡康乐的专访

❶ 王捌院子这个名称有何特殊含义？为什么会选择主打甲鱼这个单品？

我们店最早是开在株洲的，当时就是一个小院，那个院子相对简陋一些，也比较偏，以甲鱼为主，还有一些土菜。当时那个店没有名字，但是开业就很火，很多顾客说自己在王八的院子里吃甲鱼，名字就是这么来的。其实，我们在做甲鱼这个品类的时候发现，它不在最好的时候。在甲鱼这个餐饮赛道上，没有哪个品牌做过品质升级，包括用餐体验也没改造过，满足不了现在顾客对品质餐饮的需求。因此，我认为，做甲鱼单品还是很有市场空间的。

❷ 消费者把王捌院子定义为高端农家乐？对此，您是如何看待的？

现如今，餐饮消费跟产品消费一样，注重场景体验。产品在什么样的场景下能够达到想要的效果，这个很重要。在农家乐小院可能是吃土菜，在星级酒店也很难会选择吃盒饭。我们会为经营的产品全方位打造一个合适的场景。

从严格意义上来说，我们的菜系就是以甲鱼为特色的乡野土菜，被定义为高端农家乐，是符合我心中愿景的，我还挺欣慰的。消费者没有把我们店定义为庄园、庭院的会所，我觉得挺好，因为来这里吃饭，就是要更有生活气息、烟火气息，更有人情味。

❸ 与其他专业做甲鱼的品牌相比，王捌院子的核心竞争力是什么？

王捌院子现在所用的甲鱼，都是我们养殖基地里养的，是纯种中华鳖。中华鳖号称是甲鱼里最好的品种，所以我们的甲鱼价格相对较贵。我认为，选择最好的食材，不贵是不可能的。

❹ 在创立王捌院子这个品牌之前，您有过其他的创业尝试吗？

可以说，尝试了很多，其实我原来对各种品类都有过尝试，经营过快时尚，接触过海鲜，后来绕了一大圈，还是回到原点，做我擅长的事情，因为我就是厨师，现在就是聚焦目前的品牌，做院子文化。

❺ 为什么王捌院子入驻长沙时，就做这么大的规模？

当时，我认为，我们在株洲打造的院子，投资不大，规模不大，离自己定义的院子还有一定的差距。因为长沙餐饮市场竞争和消费者的需求相对还是比较高的，所以我加重筹码，尽量把餐厅打造得更好。

❻ 你是如何打造院子文化的？

我认为，院子文化就是要脱离酒文化，把它打造成更像家，更像去远方的朋友家做客，只有这样，它才会更有烟火气息，更有人情味。我们的厨房，花了很多心思打造，是明亮的，忙碌起来会很热闹，顾客是可以看到升腾的热气，闻到扑鼻的香气，这种情景会强烈地刺激人的食欲。

随着社会发展，不少人在忙碌的过程中忽略了吃饭，很多时候吃饭变得好像没有那么重要，没有任何仪式感了。但是我觉得，吃饭本身就是一件很重要的事情，王捌院子的呈现就是希望让顾客静下心来慢慢地、好好地吃顿饭。我们就是努力把好好吃顿饭这件事情做好。王捌院子晚上还有乐队，也是服务于顾客的，让顾客从听觉、视觉、嗅觉有一个全方位的体验。

❼ 如何看待网友给王捌院子打上网红店的标签？

被定义为网红店，我还是很高兴的，说明我们的店还是很受关注的。我的目标是要做长红品牌，做好院子饮食文化的沉淀。节奏要放慢，要有耐心，就像我们做甲鱼，要想让它有胶质感，食材要有保证，这个过程需要时间，美味是需要耐心等待的。黄贡椒烧甲鱼就是我们做出来的，我们是首创。除此之外，我们还有清炖、清蒸和红烧甲鱼。这些口味的甲鱼都是经过了时间的检验，得到了顾客的认可。

❽ 王捌院子品牌未来还有哪些成长空间，还有什么地方是需要继续提升的？

我们就一个方向，大食材战略。我们做产品的理念是提倡九分食材，一分手艺，用简单的烹饪方法来做就够了，不需要装饰得多么精美。成为王捌院子的厨师很简单，有拿手菜就可以。我认为来自大众的风味才是最值得回味的。所以我们走的基本是偏一点的路子，王捌院子有个理念就是无问西东，慢下来好好生活。

关于未来提升，自然就是在食材上继续下大功夫，把关严选，保证源头。我们是有自己的采购小团队的，不定期会去省内其他地方挖掘好食材并引进王捌院子。王捌院子的厨师也不用是大师，我们把百分之九十的精力就放在寻找食材上面，我认为食材好了，品质就有保证了。

❾ 如何掌控菜品的更新率？

在王捌院子，虽然菜品创新率没有其他店那么高，但是我们每个季节都会推出相应的新菜，让顾客吃到当季新鲜的食材。从目前顾客的接受程度来看，他们是适应并接受我们研发菜品的节奏的。

04

盛香亭：通过热卤搭上年轻人"孤独经济"的快车

卤味市场没有永远的冠军

盛香亭是在卤味消费市场已经看似完全红海的情况下，通过热卤这样一个细分赛道，让卤菜消费爆发。盛香亭的火爆，引发了资本市场对热卤品牌的关注和投资。当然，在千亿元的消费市场里能稳住脚跟，盛香亭靠的并不单纯是资本，而是强大的消费敏锐感和扎实的产品线。

传统的卤菜是餐前菜，给人的印象多是冷菜。盛香亭作为热卤市场的闯入者，让卤菜拓展到零食领域，拓宽了卤味的消费场景。除了标准化和个性化的发展，盛香亭通过现卤现卖的方式，消除了顾客的顾虑。

消费新式卤菜的多是年轻人，在现在的经营环境下，各个卤味品牌容易形成口味同质化的现象。在热卤市场竞争的第一阶段，拼的就是速度和效率，盛香亭已经有了先发优势。对于盛香亭来说，接下来拼的是供应链的稳定和强大，毕竟连锁扩张考验的是产品供应链和对品质的把控。

另外，盛香亭对卤水的处理，考虑得比较周全，毕竟传统卤菜做法已经不太适应如今的卫生标准了，绿色健康的消费方式逐渐成为年轻人的选择。

　　盛香亭一方面重视食品安全，在保证食材和品质的基础上同时对热卤进行了创新和改革，这种改革不仅体现在制作热卤的方式和手法上，更体现在对菜品的推陈出新。

　　盛香亭的消费者也是品牌安全的监督者，对于餐饮经营者来说，没有比食品安全更重要的事情了。

　　不做任何营销推广的盛香亭创始人廖宗毅只埋头做事，一直想把"新式热卤"的"新式"两个字去掉，但这并不是一件容易做到的事情。

　　一碗热卤对于廖宗毅来说可能是创业的全部，无论最后能否做成功，在没有到达终点前都需要全力以赴，不只是要对得起投资者的信任，更多的是坚持创业时的那份初心。

盛香亭创始人的专访

❶ 在创立盛香亭之前，长沙第一家"赛百味"是您和您朋友一起开的，后来是出于什么原因没有继续做下去？

环境决定了消费者需求，现在长沙的菜品还是以湘菜为主，消费者还不能接受这种纯粹冷餐型的食物。它不像"百盛系"，愿意为中国消费市场做一些调整或改变。我把目光从西式快餐连锁转向盛香亭，当初是迫不得已的选择，但是现在回过头来看，从对连锁餐饮的理解、模型的设计、标准的定制等各个方面来说，我的这个选择具备一定的优势。

❷ 在做盛香亭之前，热卤产品的模型是怎么构建起来的？

盛香亭所有的产品都是我们自主研发的。盛香亭的产品完全是基于长沙本地的热卤，相对于传统热卤，我们做了一些改良和创新。比如，在产品原材料选择方面做了很多取舍，在现有消费者的体验上做了一些升级和创新。

传统的长沙热卤讲究的是用老卤水与现吃，即点餐后店家把卤菜在热卤水里涮一遍，呈现出来是热卤。盛香亭在此基础上，

换掉老卤水，用当天新鲜的卤水。这是借鉴了四川火锅的方式，我们创业的那一年，正好四川在查老火锅亚硝酸盐等问题，于是自己尝试做新鲜卤料包，用了四五个月来调试味道，之后就开始标准化操作。

❸ 为什么第一家店选择开在乐和城负一楼，这家店取得了怎样的业绩？

2016 年的乐和城应该是长沙最年轻的商场之一。当时 ZARA（飒拉）刚入驻乐和城不久，其他比较时尚的品牌也先后入驻，然后带动了整个商城的人气。乐和城这家店虽然只有 12 平方米，但第一个月就有 18 万元的营业额。

❹ 盛香亭的品牌是由您和您妻子一起创办的，对于夫妻共同创业，您有什么心得体会呢？

共同创业也互相理解和支持。我之前创业 16 年，一直做得不怎么好，后来我爱人和我一起做盛香亭，取得了成功。我们两个人在性格上比较互补，我比较天马行空，她比较务实。简单来讲，就是会想的与肯做的人搭档，这是比较理想的搭配方式。

我周围有很多夫妻创业的朋友，不仅做得很大，而且非常成功。我的供应商和圈内一些好朋友，很多都是夫妻关系。

❺ 您有英国留学的经历，这对您后来做品牌运营管理是否有帮助？

我觉得，这段留学经历对我个人影响比较大，也渐渐影响了我爱人。我们公司前期不做品牌文化，因为之前一直也没想清楚品牌文化是什么。前期也不太需要品牌文化，觉得把东西做好就行。后来，随着规模的不断扩大。有人建议，要做企业文化，等我们真去做了之后，却发现并不擅长。

今年品牌部梳理了一下我们品牌的文化，也是我们自己身上会影射出来的一些关键词，比如，快乐，无论是工作，还是生活都要快乐；还有真诚，我经常对我们的员工说的一句话就是"真诚，天下无敌"。这个就是我们企业文化，和赛百味比较像。

❻ 盛香亭品牌从 2016 年到现在有过几次品牌升级，之前是新式热卤，后来又去掉了，为什么？

2016 年前后流行在自己的招牌旁边加个新，所以我们的品牌先加个"新式"二字，至少在理论上和表现形式上做了升级。后来把它去掉是因为长沙传统的热卤老字号都没做了，所以现在已经很少老字号热卤了。我觉得盛香亭无论从市场份额、门店数量等各个方面，都有了迭代和升级，所以我们就把自己定义为热卤。

❼ 盛香亭品牌自 2016 年创立至今，目前全国拥有多少家门店？做得最好的门店一个月营业额大概是多少？

目前，盛香亭在全国有 400 家门店，80% 是加盟店。做得好的门店一个月的营业额可达 60 万元左右。

❽ 接连获得资本投入后，接下来有什么布局和规划？

在当下，有些企业可能只做两三年的规划，但是我们看得更远，着重发展线下门店，力保实体门店的稳定性，包括盈利能力提高、盈利模型迭代、产品结构优化等，都会做出更适合市场竞争环境和顾客需求的调整。

❾ 盛香亭品牌有还有哪些成长空间呢？

要成长的空间太多了，各个方面，软的硬的都有。比如，我们的单店模型需要调整，针对如今的大环境，年轻消费者的习惯发生了改变，我觉得盛香亭现有的模型不足以满足年轻消费者的需求，所以我们调整的方向就是在现有模型的基础上做优化。

总结一下，重点是三个方面：质量、效率、盈利，要从这三个方面去优化。

质量、效率、盈利是一体的。

这个质量不光是食材，还有产品质量、服务质量、管理质量。

这个盈利不是指我们的利润，指的是加盟商的利润，是门店的利润，我们要在保证质量的前提下保证利润，甚至要优化更好的质量。

又因为我们是做轻、快餐的，所以效率非常重要。盛香亭三四十平方米也能做五六十万元的营业额，就是高效率带来的。

我们没有额外的服务。我其实很喜欢琢磨顾客隐藏的需求。对于热卤这个餐饮赛道，我觉得要顾客认为菜品好吃，这是根本。顾客不需要提供什么超值的服务，只想要快点拿到食物。

我们也有梳理一些初期的客诉内容，反映初期门店的出餐率并不高，特别是忙的门店。现在，我们会测出餐时间，因为顾客的等待与员工的工作效率有关。

效率这一点上得益于我曾经做过赛百味，在轻快餐里面，赛百味这个模型是较高效的，一个顾客只需要排一次队。所以我们也在不停地思考，我发现对于顾客的成本来讲，它不光是出钱，更多的是花费时间，顾客的等待时间越长，期待值越高。

比如，菜品可能只有二十几元钱，不会有人对二十几元钱的东西产生多大的期待值，给的评价一定是合理客观的，但如果让顾客等了40分钟，那在二十几元钱上叠加40分钟，这成本就非常高了。

⑩ 盛香亭热卤有没有不辣的产品，更多的迎合是哪个年龄层次的消费者呢？

我和我爱人都是土生土长的长沙人，两个长沙人做出来的小吃里面怎么可能会有不辣的选择？其实也是遵循了无辣不欢这一点。盛香亭开到广州、上海这些相对较少吃辣的地方，也能很好地生存下来，是基于口味的多种选择，满足了当地人们的需求，可以说是老少皆宜。

⑪ 针对品牌加盟，盛香亭是如何进行远程管控和标准输出的？

其实，盛香亭有一些监管的基础，运用数字化工具，对门店的管控更加全面。我可零食经营者学习，学习做线上巡检、第三方巡检，这些巡检是基于对门店的服务、卫生、品质做的一些基础管理。然后是督导全面评测，对偏远的门店每月至少做一次。

05

喜苑人文餐厅：全面
展现喜事主题
餐饮文化

网红餐厅也有文化

在人的一生中，会经历很多的喜事，正因为有喜事，才会有喜苑人文餐厅这样的存在。一个看似粗狂的餐饮行业名字里含有"人文"两个字，无形中会让人觉得这家店很有文化底蕴。

没有发自内心的热爱是做不好餐饮的，对于庭院一直有着情怀的邱灵芝认为，喜苑人文餐厅要有青石小路、假山流水、古韵色香、焚香抚琴。在邱灵芝看来，这不是矫情，而是一种文化上的传承。喜苑人文餐厅中的很多老物件，似乎与湘菜不沾边，这也是一种情怀。

邱灵芝师从湘菜泰斗王墨泉大师，做的湘菜经受得住时间的考验。邱灵芝一直想在传统湘菜中寻找新的创新点，喜苑人文餐厅从器皿到菜单设计都体现了邱灵芝对于湘菜的极致热爱。

从食材消费到文化消费的跃迁，是湘菜在新时代不断升级的结果，喜苑人文餐厅已经成为长沙餐饮行业网红品牌的代表。

相比于传统网红店的快起快落，在邱灵芝眼里，有些东西是快不起来的，注入的时间都会慢慢显现。

每一家餐饮店最后能做成什么样，在很大程度取决于创始人的思考。时间在品牌打磨上的公平性是可见的，湖湘文化能够在喜苑人文餐厅这里找到一些答案。如果有一天你来长沙，可以来这里看看，这里的每一件老物件可能都比你的年龄还要大。

喜苑人文餐厅创始人邱灵芝的专访

❶ 喜苑人文餐厅从 2016 年创立至今，目前拥有几家门店？每家店有什么不同之处？

目前有三家门店。2022 年还会再开一家。我们是一店一景一文化。喜苑人文餐厅的核心是以喜文化打造的主题餐厅。

❷ 喜苑人文餐厅着力于打造"喜"文化，那么"喜"文化是指什么？

在中国，因喜而聚餐一直是大家欢聚一堂的一个重要因素，所以我们喜苑人文餐厅打造的是欢乐的聚会。朋友聚会是喜宴，生日宴、订婚宴都是喜宴，因此，我们无论从喜宴的性质，还是对餐桌的设置，都会让顾客有喜悦的感觉。

❸ 请阐释一下喜苑人文餐厅命名的由来？

"天地万物，境界之喜"，我觉得人最大的快乐是"喜"，所以我就把"喜"作为一个突出表达的文化点，"苑"是因为我们所有的餐厅都是庭院深深，有很多梦想在这个庭院里实现，所以喜气的愿望是油然而生的。

❹ 餐厅的经营理念是"和时间做朋友"，对于这句话，我们该如何理解？

我从毕业到现在，一直做餐饮，创立的第一个品牌是有19年之久的"金星老柴火"，到2016年成立喜苑人文餐厅品牌，我认为这个品牌是具有商业赛道潜质的一个品牌。从我对餐饮的理解来说，我觉得餐饮要赢得20%的顾客群体，我是要做一个新的赛道。

喜苑人文餐厅是符合未来餐饮的一个新品类，这是一个文化加上环境的品牌，希望生活在快节奏都市的顾客去体验、去感受品牌的核心价值，当然这是需要时间的。从2016年到现在，无论是从菜品的打磨、环境的设置，还是运营，都是围绕着我们的"喜"文化。

我认为，现在我做的是传统品牌的传承和创新，但需要时间的打磨，才会成就最好的品牌，因此，喜苑人文餐厅门店不是很多，但是每一个门店的品牌效益都在逐年递增，也会让顾客有更多的归属感。

❺ 从创建初期到开门迎客，经历了多长时间？做了些什么？

从创建到开门迎客用了三年的时间。喜苑人文餐厅走的是古朴而典雅的庭院风格路线，用老物件装饰。收集老物件需要对中国传统文化有深入的研究，也需要花时间去沉淀。首先，装修需要时间；其次，把这些老物件安放在店里的合理位置，让顾客喜欢，也需要时间。

追问：有什么样的老物件呢？

我们的老物件有清朝、明朝的，还有一些唐宋时期流传在民间的物件，比如，民间的花瓶、瓷器，还有石雕、木雕等。在店里，我们用湖湘文化把它打造出来。

长沙是一个非常有文化底蕴的城市，这种老物件能衬托城市的精神力量，餐厅对传播文化更有穿透力，所以喜苑人文餐厅的核心根基就是老物件和庭院风格。品牌的核心就是，喜文化去传达我们的湖湘之美。

追问：收集这些老物件花费了多少精力呢？

这个是一种爱好，需要耐心地挖掘，就像我们以前寻找食材一样。你找到那个地方，就会豁然开朗，有很多东西会跟你结缘，我在 2013 年的时候结缘了这些东西。

❻ 您觉得喜苑人文餐厅和晴溪庄园有什么不同之处呢?

　　我觉得,晴溪庄园是一个非常完美的作品,坐在这家店里的任何角落,都能感受到生活之美,这是敬仰之美,是发自内心的喜悦之美。我们喜苑是返璞归真,是大自然给我们馈赠的沉淀之美。我觉得一个品牌有一个品牌的属性,让顾客自己去选择,因为每个品牌表达的方式不一样。

❼ 在庭院内外部建设与打造的过程中,遇到过哪些困难和挑战?又是如何解决的?

　　设计师是我的一个朋友,他是从深圳回来的,对老物件、古建筑非常了解,也懂得创新。他对中国的传统文化、中式元素也特别通透,所以才能够把这些老的东西和新的东西融合,让它们以美的方式呈现。

　　这不是说设计师设计出来之后,所有东西可以立即呈现。

我们收回来很多老物件，需要去拼凑，可能一个方案不行，我们就拆掉，再重新做。

做装修的师傅在浙江杭州专门做老物件榫卯结构的，所以我们打造的每个门店，客人都特别喜欢。不需要太多的装修升级，但是我们确保店内的环境得到维护，确保我们的软装升级。我们给顾客的感觉是，来得越久，越有文化沉淀感。

❽ 您是天生爱好厨艺，还是一直就深耕湘菜？了解到您师出名门，从师父身上您学到了什么？

我是学财务出身的。第一份工作就开始做餐饮了，就是我的第一个品牌金星老栄火。因为当时学的是财务专业，我觉得前途好像不太光明，然后在朋友的推荐下，开始经营了一个小店，一直到现在。

我的师傅王墨泉大师是非遗传承人，获得过各种奖项，拜师之后，我对湘菜更痴迷了。我从师傅身上学到：喜欢的东西一定要花很长的时间去慢慢地品味，慢慢地打造，不能急于求成。

❾ 您希望喜苑人文餐厅能带给顾客哪些层面的体验和感受？

我们会根据顾客的消费习惯，为顾客打造一场不一样的宴会，比如，结婚宴，我们就会亲自为结婚对象定制，菜品有固定的价格，但情感和表达的情谊是无价的。我们从接到顾客预定的时候，就开始了解顾客的消费习惯。

在餐前，会让顾客有惊喜，包括仪式的定制、场景的布置等，比如，把结婚对象的名字写在藏头诗中，并投放到电视屏上；给顾客定制菜品时，有"金玉良缘""财源滚滚"等祝福性质的菜品名称；还会给顾客定制各种房间。让顾客觉得，在喜苑人文餐厅设宴，能留下感动、情谊和美好回忆。

⑩ 在员工培养上，会从哪些方面着手？

第一，员工有定期培训，这是基础条件。第二，有晋升机制。第三，关爱员工，这一块我们做得不错。第四，向做得优秀的店学习，学习知识很重要，所以我们给员工培训花艺、茶艺。

我们通过举办晨读、跑步等活动，让同事在一起可以相互交流、相互学习。如果员工所有流程都达到熟练的程度，就可以直接晋升、转正，成为领班经理主管，甚至可以直接进入销售部。现在，服务员是很难招的，即使招到了，也干不长，但是留下来的，就是值得我们去培养的。

第四章

年轻化是品牌生命力旺盛的保证

01

炊烟小炒黄牛肉：
被综艺节目"种草"
后的网红菜

炊烟小炒黄牛肉走到联合国

不仅出现在湖南综艺节目里，而且还代表湘菜走进联合国，炊烟小炒黄牛肉已经被很多人记住了。在坡子街的炊烟小炒黄牛肉户外广告招牌让众多游客拍照打卡。作为湘菜的人气品牌，炊烟小炒黄牛肉也成为湖南卫视春晚和金鹰艺术节指定的湘菜。

被顾客要求延长营业时间的餐饮品牌并不多，炊烟小炒黄牛肉是其中之一。《舌尖上的中国》的美食顾问董克平老师称，炊烟小炒黄牛肉是 21 世纪的湖南招牌菜，这样的美誉背后是对它的赞赏和认同。

炊烟小炒黄牛肉不仅在长沙称霸黄兴路步行街，在上海也荣获"上海湘菜排队王"的称号。炊烟小炒黄牛肉同时推出"聚会九大经典湘菜"，每一张聚会照片背后的笑脸都成为当时美好生活的写照。

从明星到普通顾客对炊烟小炒黄牛肉的称赞，能够感受到湖南人对湘菜的执着。经典湘菜对新一代年轻人来说更有吸引力，这一代年轻人总想在经典湘菜里，寻找到父母对湘菜的热爱之情。

　　湘菜既要守住根本也要发展创新,炊烟小炒黄牛肉做得不错,既得到众多顾客的认可，也代表湘菜走进了联合国，更为推动湘菜产业发展作出了一定的贡献。炊烟小炒黄牛肉向湘菜头部品牌走出了非常重要的一步。

　　炊烟小炒黄牛肉在传统中寻找经典元素，再根据时代的发展不断创新，为湘菜树立了标杆，也为湘菜标准化的发展奠定了基础。

炊烟小炒黄牛肉创始人戴宗的专访

❶ 关于"炊烟"这个品牌，前后经过了多次修改与调整，更名的原因是什么呢？

最初我们的品牌是"戴家村"，之后品牌更名为"炊烟时代"，然后又更名为"炊烟小炒黄牛肉"。

❷ 炊烟品牌的前身"戴家村"，已经创造了长沙湘菜排队热潮，并且在 2006 年被多家权威媒体报道，为何没有继续巩固该品牌？

　　"戴家村"被别人抢先注册了，这个商标就不能用了，因此品牌名做了升级，整个升级是随着湘菜的发展、品牌的迭代进行的。"戴家村"作为"炊烟"的前身，最终"炊烟"还是要根据经典湘菜的发展方向进行发展。

　　❸ 从初期开店选址在市郊到后来入驻城市核心商圈，为什么进行这样的战略调整？

　　这些调整是随着"炊烟"品牌的发展和升级进行的，从最初的小店发展到现在大规模的店面，从最初的一个店发展到现在的十几个店，必然会随着店的发展而进入城市核心商圈。

　　❹ 2018 年，炊烟小炒黄牛肉代表湘菜走进联合国，被呈上联合国总部的宴会桌上，在这个过程中有没有遇到过困难？

　　整个过程中存在很多困难，比如，食材如何运出国并运进联合国总部；器皿如何呈现出更好的效果；还有晚宴初加工、预加工的准备过程中都出现了很多困难。但是整个代表团团结一致，互相协作，把所有困难都解决了，最终圆满地完成了晚宴，获得了很不错的反响，形成了很大的影响力，使品牌持续爆火。

　　❺ 为什么会以单品"小炒黄牛肉"作为品牌名？小炒黄牛肉成功的原因是什么？

　　小炒黄牛肉是经典的湘菜之一，一是湘菜小炒的味道本身具有"成瘾"性，二是黄牛肉是湘菜之中的"高级"食材。小炒黄牛肉现在已经成为湘菜最典型的代表，选择它作为整个菜品的头牌，具有带动作用。我们精选其他八种湘菜与小炒黄牛肉组成了九大经典湘菜，比如，剁椒鱼头、毛氏红烧肉，这些都是广为人知、深受大家喜爱的。这个选择经过证明是正确的，这九大菜品能代表经典湘菜。炊烟作为经典湘菜的代表，多为聚餐客群所点，与顾客需求的匹配度较高。

　　小炒黄牛肉的成功三要还是靠多年的积累和沉淀。

❻ 炊烟小炒黄牛肉是如何拿到黄兴广场这么好的地理位置的?

主要是黄兴广场物业甲方更愿意跟我们合作,炊烟小炒黄牛肉是以聚餐形式的餐饮消费店,可以带来更多的客流,而甲方希望给整个商业区域带来更多客流量。

❼ 继 2020 年获得长沙湘菜排队王到 2021 年获得上海湘菜排队王,炊烟小炒黄牛肉是如何创造这样的排队奇迹?又是怎样做到稳居上海湘菜排行榜第一的?

最主要是整个湘菜品类越来越多,炊烟小炒黄牛肉作为长沙本地一直火爆的品牌,经过 23 年的积累,在全国范围攒聚了不少铁杆粉丝。店开到上海之后,上海的粉丝就会来消费,使炊烟在上海持续火爆。

还有就是,湘菜各品牌在上海普遍做得较好,为我们进入上海打下了很好的消费基础。炊烟小炒黄牛肉作为经典湘菜的代表品牌,独特性更强,保持湖南口味,而且菜品丰富,更吸引聚餐的客群。

❽ 为什么一些流量明星都在为小炒黄牛肉疯狂点赞?

不少明星都喜欢湘菜,爱吃湘菜。炊烟小炒黄牛肉依托了湘菜发展迅猛、强势的福。炊烟小炒黄牛肉作为经典湘菜的代表,被选择的概率也更高。

❾ 如果再创立另外一个同类品牌，您觉得还有机会找到像小炒黄牛肉这样的蓝海吗？

湘菜是很丰富的，无论是从食材到味道，都是很丰富的。未来，湘菜行业肯定会出现更多以经典菜做头牌来发展的品牌。

❿ 关于夫妻创业，有什么秘诀？相处之中，是否因为工作有争执？

夫妻间创业关键在于相互尊重，在合作中把私人感情与工作的逻辑作出区分，实现工作和生活相对和谐的结果。

争执肯定有，在经营管理方面，每个人的观念和思维逻辑都有差别，要求同存异，相互协助的同时也有适当的分工，就可以消除冲突，把共同的力量赋能到企业的发展中。

⓫ 您认为合作伙伴需要具备哪些品质？

合作伙伴最主要是要有创业的精神，从餐饮来说，做湘菜、做中餐一定要足够勤奋，无论是体力还是思维上，都要足够勤奋、不断学习，有足够强的学习力。

⓬ 作为炊烟小炒黄牛肉品牌店的经营者，您对年轻创业者的寄语是什么？

第一，要有足够承担风险的准备。创业的风险是比较大的，没有足够的思想准备不要轻易创业，创业要具备一定的风险承担精神。

第二，餐饮创业者要真心喜欢做餐饮。只有喜欢了，才不会觉得累，才能坚持到底。

第三，要有一定的判断力，尤其是判断自己的特长与创业项目是否匹配。

新长福：在粤菜和湘菜间寻找市场的平衡

新长福陪伴人生的重要时刻

　　很多长沙人的年夜饭都会选择在新长福吃，有重大喜事时，也会选择在新长福举办。这里不仅有湘菜，还有粤菜，可以满足不同口味顾客的需求。

　　新长福在细节上把控比较到位，比如，餐前小点心都是用火红的果盘盛放，与喜庆的节日相得益彰。另外，明档的开放式制作间，让顾客可以根据喜好选择食材，也可以观看整个菜品的制作过程。

　　餐饮行业的用餐空间已经不只是单纯的用餐，无论是拍照打卡，还是短视频分享，每一个顾客其实都是在做自我的表达，只不过这些方式在过去的餐饮行业里，从未出现过。新长福在细节上的把控，满足了顾客拍照打卡、视频分享的需求。

　　新长福以湘菜为根基，通过湘菜和其他菜系的融合创新，打造出中国美食的标杆名片。注重膳食均衡的新长福在不断创新，改变了传统湘菜的辣度和咸度，又保持着湘菜的底蕴。不仅在湘菜上进行创新，新长福对于粤菜的创新也是有目共睹的。通过这些举措，新长福注定能够在顾客心里占据一席之地。

除了关注菜品本身的味道外，新长福非常重视餐饮礼仪文化。当然，礼仪并不单指服务，新长福为企业注入新的餐饮文化精神，通过产品服务和融合创新的方式，打造出湘菜的标杆品牌，也为长沙这座网红城市留下更好的味蕾记忆。

新长福已经渗透到长沙人的生活里，朋友圈里的一张张照片，小红书上的一个个笔记，都是新长福发展的见证。新媒体时代下的新长福在高速发展，它也会见证更多人的重要时刻，在漫长的时间记忆里，很多人已经离不开新长福的陪伴。

新长福董事长龙伟里的专访

❶ 新长福品牌自 1999 年创立以来，逐步成为集中央采购、营运培训、市场营销、产品研发等于一体的大型现代化餐饮管理公司，它是如何一步步发展成如今的规模？

新长福品牌始创于 1999 年，至今已有二十多年发展历程，从最早的一家规模较小的海鲜酒楼发展成为如今在长沙、北京、深圳等地拥有十余家直营门店的大型现代化餐饮管理公司。新长福一直遵循着"营养膳食均衡，健康养生美味"的理念，不断追求品牌的创新和突破，成为社会各界认可的"中国驰名商标""全国餐饮百强企业""湖南省农业产业化龙头企业""ISO 质量、食品安全国际认证企业"等。未来几年，新长福将在北京、上海、深圳等重点城市持续进行全面布局开拓，致力于为消费者创造更好的美食，成为一

家有温度、有情怀、有文化的中国湘菜标杆企业。

❷ 目前，新长福在 3 个城市拥有 10 家连锁店，每个店的规模和经营情况如何？

目前，新长福在长沙、北京、深圳共开设 10 家门店，其中，长沙 8 家、北京 1 家、深圳 1 家，凭借"高雅的用餐环境、高质量的食材、高标准的菜肴出品、高端的贴心服务、物超所值的高性价比"得到了各界顾客的广泛认可，是商务宴请、企业团拜、亲友欢聚的上佳之选。经过二十余年努力发展，新长福已经成为湘菜代表之一。

❸ 作为传统湘菜标杆企业，新长福从哪些方面践行"品质海鲜、精品湘菜"理念？

新长福以经营品质海鲜、精品湘菜及粤地经典特色菜肴为主，一直注重高品质食材的选购，坚持"从田间、湖面、海洋原产地直达餐桌"，寻找每种食材全球最具品质的原产地，运用集团采购的优势，跳过中间环节，将新鲜、优质的食材从原产地直接送达新长福，保证新长福的顾客享受的是新鲜、优质，具有较高性价比的时令食材。

❹ 2021 年 1 月，新长福提出"汉膳大师"的概念，应该怎么理解？

提出汉膳大师目的就是为顾客创造更好的美食。

新长福提出"汉膳大师"新理念，是以文化指导餐饮经营，用规则领跑行业，用新的方式开辟新的赛道，为餐饮的发展打开一片蓝海。

❺ 2021 年 12 月新长福入驻深圳，在广东海鲜市场竞争如此激烈的环境下，为什么还会选择在深圳开店？新长福是如何规划布局并在深圳打开局面的？

2021 年 12 月，新长福入驻深圳，针对深圳消费群体，对湘菜进行创新。未来，新长福还会持续不断地推出更多适合深圳消费者喜好、有新意、有品质的新品。

　　新长福深圳卓悦店定位的是商务宴请及中高端家庭、朋友聚餐。卓悦店只是新长福在深圳市场开拓的第一步，后续会有更多的新店入驻深圳各区。

　　❻ 新长福在品牌发展的道路上是否遇到过瓶颈期，是如何解决的？

　　新长福一直把顾客的需求放至最重要的位置，从顾客群体结构变化、客群年轻化趋势、客群不同需求变化等方面，新长福都会有针对性对环境、产品、服务等方面进行改良与创新。比如，从全球各地采购更多新品种的优质食材，使出品形式、味型更符合现在的客群消费，满足顾客不断更新迭代的消费需求升级。

　　❼ 新长福是如何管理员工的？如何让员工不断提升价值，为公司赋能？

　　尊重人、信任人、成就人是新长福始终不变的人才管理理念，强调"以员工为中心"，把员工当成家人。除了科学的绩效制度、丰厚的福利制度之外，新长福专门建立了人才梯队培养体系，为员工制定专业的培训、深造计划，保持人才晋升通道的畅通，让员工快速成长，最终实现公司和员工个人互相成就。

03

冰火楼：从健康食材角度切入的湘菜品牌

冰火楼让你刮目相看

　　在保证卫生的基础上让菜品更好吃，是冰火楼一贯的宗旨。冰火楼在传统湘菜的基础上不断创新，开启了"健康湘菜"时代，精致精美且均衡膳食的营养与健康。冰火楼从 2014 年提出创新湘菜，作为董事长的胡艳萍知道打破传统湘菜并创立新品的难度是非常大的，但她不畏难，克服困难也要上。

　　很多人只看到胡艳萍把冰火楼做得非常成功，并不知道 20 年来她为此放弃了很多机会。胡艳萍一心一意只想做好湘菜，为把冰火楼发展成一家百年企业的目标而奋斗。

　　坚持使用好食材是冰火楼对产品质量的坚守。冰火楼的菜不添加味精，坚守本味，当然这种坚守是需要付出高成本的。冰火楼认为值得，它在用高质量去留住追求高品质的忠实顾客。相比于大多数餐饮品牌一直在做加法，冰火楼从建店以来都在做减法，为了优质食材，不惜成本找到好的食材发源地，这些成本是算不清楚的。

　　冰火楼不只接待商务宴请，年轻人聚会也会选择冰火楼旗下的冰火楼小馆，小馆位于长沙国金 IFS 中心的露天花台处。如果在下雪天走进冰火楼会觉得室内的灯光格外温暖，会让你卸下一天的疲惫。

冰火楼不会强调极致服务。很多时候餐饮除了服务，还有陪伴和感受，有时候过度服务反而让顾客产生厌恶情绪。

很多人都认为，冰火楼成为长沙宴请的天花板，不只是很难预定到相应的席位，更多的是在菜品里能够感受到时间的分量。相信这也是胡艳萍希望看到的，虽然离她的百年企业目标还有 70 多年，但是相信一定会有那么一天的。

冰火楼董事长胡艳萍的专访

❶ 冰火楼开创了健康湘菜新时代，那么，需要从哪些维度去践行健康湘菜理念，从而引导饮食风尚？

可以说，冰火楼开创了健康湘菜新时代。我认为，健康湘菜有三个维度：源头正宗、新鲜供应、健康烹饪。冰火楼于2014年明确了定位："创意新湘菜，健康成就生活"。为什么要提出健康湘菜？因为健康湘菜对每个人非常重要，民以食为天，食以安为先，食品以健康为先。冰火楼一直在思考如何让顾客吃得健康、吃得安全，这是我们提出健康湘菜的重要发展方向和目标。

❷ 纵观冰火楼发展历程，从重油重辣到原汁原味，从求快求速到关注消费者的营养和健康，从味型到饮食理念的调整和转变，是基于怎样的发展契机？

冰火楼对健康湘菜一直在做减法。好吃是最基本的条件，这是不能减的，我们所做的减法，是指在食材方面的减法，让食材源头正宗、新鲜，供应不隔夜，做到新鲜烹饪无添加，食材健康，简单做也能很美味。

❸ 目前冰火楼旗下拥有冰火楼中餐厅、柏郡酒店、红馆汇港式茶餐厅、冰火楼小馆四个品牌，除柏郡酒店外，其他三个餐饮品牌的定位有哪些区别？如何分别管理和运营这三个品牌？

冰火楼有四个品牌，冰火楼中餐厅、柏郡酒店、冰火楼小馆、红馆汇港式茶餐厅。在不同时期，不同店铺有不同的定位，尤其是冰火楼中餐厅成为长沙宴请的名片。我相信，很多消费者对此是有认知的。我们在烹饪的过程中少油、少盐、少辣，并且不添加味精，倡导科学烹饪，健康营养的理念，为顾客提供营养健康并且好吃的菜品，做健康餐饮的引领者。

冰火楼小馆是有冰火楼中餐厅基因的，它的定位是适应新的一代人。冰火楼于 1998 年开设的，至今已经过去 24 年了。冰火楼小馆以白领群体消费为主，而这些人是新的一代，"80 后"

　　"90后""00后"，他们来到冰火楼小馆，感受的是小资和轻奢的氛围。传统的冰火楼还在，而冰火楼小馆做出了符合新一代人的消费理念。

　　红馆汇港式餐厅是一个港式茶餐厅，茶点是纯手工制作的，新鲜供应非冰冻、不隔夜，不仅受年轻人青睐，老人和孩子也非常喜欢。红馆汇是一个快时尚主题餐厅，简单吃、健康吃的理念得到了大众的认可。

❹ 为了践行健康湘菜的理念，冰火楼在寻找食材上遇到过什么困难或挑战？

寻找优质食材是一项长期的工作。我们从 2000 年开始布局寻找好的食材，西藏、青海、山东等各地都有冰火楼的供应商，

由我亲自带队，冰火楼寻觅食材的足迹遍布全国各地。冰火楼不仅对食材精挑严选，更从食材的种植、生长环境、采摘、加工、运输各个环节进行把控，从源头上保证食材的安全。

❺ 冰火楼于 2021 年在衡阳开设新店，将衡阳作为第二个发展城市的理由是什么？

这次去衡阳开店，是因为衡阳作为湖南一座省域副中心的城市，是有着悠久历史，充满机遇和挑战的城市。我们有信心在衡阳高质量发展的情况下引领湘菜行业，开启衡阳健康湘菜新时代。

❻ 冰火楼被誉为湖南省宴请的天花板，您认为湘菜宴请还会如何取得突破？

随着经济发展，人们的消费理念也发生了改变，宴请需要好的食材，通过好的食材打造主题宴请。例如，四季宴、家宴等，我认为，这些主题宴会消费者是喜欢的，也会成为市场发展的主流趋势。

04

易裕和：号称亚洲最大的粉店，让你嗦粉、拍照两不误

不拍照来易裕和嗦粉作甚

习惯了在小店嗦粉，如果去易裕和嗦粉，还会有点不太适应，毕竟易裕和号称是亚洲最大的粉店。所有来易裕和嗦粉的顾客的第一印象是空间特别大，让人很震撼。当然，店里的 40 多种码子也会让顾客震撼，能一次吃过瘾。

在易裕和嗦粉，即使在高峰期也不会出现拥挤和排队。易裕和的服务非常到位，在店内不会出现码子空盘的现象，因为服务员会及时添加相应的码子。

一般认为，超过两种码子时容易破坏汤的味道，而"辣椒炒肉"的码子被公认为是最不容易出错的码子，在易裕和你会看到各种食客自由选择的码子搭配。相比于传统小店里的码子来说，易裕和的码子味道更浓厚，更适合口味重的食客。

另外，店内还为尝鲜的食客准备一些独特的码子，很多人喜欢嗦完双码粉后再来一碗猪油拌粉，一样好吃，一样满足。

有的人在这里嗦完粉后开启了一天的带娃生活，有的人在这里嗦完粉后坐在位子上刷抖音，在易裕和没有服务员会赶你走，

这种舒适感或许只有在家里才会有。

一口热汤，一碗粉，这是长沙人的日常生活。无论生活如意与否，先嗦碗粉再说。人生不过一碗粉，无论多难，都会过去的。

易裕和董事长易军的专访

❶ 易裕和作为长沙，乃至全亚洲最大的粉店，占地 2 000 平方米，您当时就想开这么大的粉店吗？

开店的初衷其实来自平时在酒店用早餐时的氛围和琳琅满目的吃食，什么都想尝试一下，我考虑，如果我有一家粉店，可以把米粉和小吃结合起来，又有足够的空间，正好碰到了一个合适的铺面，随即梦寐以求的想法便实现了。

追问：在开业之前是否有对未知情况的焦虑或者担心？

那时候确实心里没什么底，但是这件事我觉得非常有意义，很值得去做，第一是能够给我们带来很多不同的体验，第二是如果我们做成了就能给其他米粉店带来很多启示。

当时也有方方面面的顾虑，如果是做亏了这样大的店铺转让，是很难找到接盘人的，但是我和老婆一拍即合，决定不想那么多直接做。

在这三年之中易裕和也算是有一些成功，也有不少的粉面店跟着做了一些调整，一改以前的风格，出现不少中大规模的店铺，也有不少店铺更多地注重文化、内容、品质、环境、服务，我认

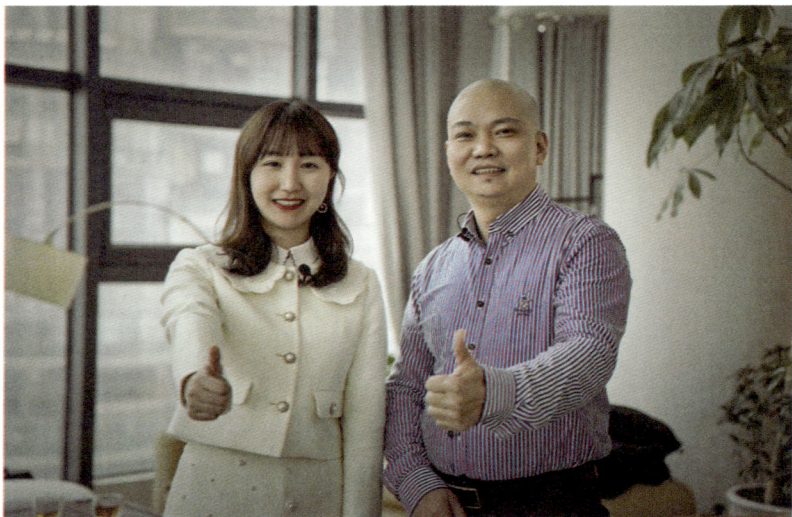

为我还是作了一点点贡献的。

❷ 易裕和这个品牌名称与创始人本身有什么关联？这个名字有什么文化底蕴？

最开始是叫裕和面馆，代表富裕、和谐，也是从长沙的百年老字号杨裕兴和黄春和中各取一字，代表易裕和人对行业的敬畏之心，要把上千年的传统文化传承下去。

❸ 易裕和竹塘西路店的诞生经历了多长的时间？在落地过程中都遇到过哪些困难，又是如何解决的？

竹塘西路店筹划了将近八个月，因为铺面的特殊性，在观察周边的小区后，觉得在选择上有很大的问题，面积太大，在设计上也遇到了瓶颈。在看了各种各样成功的品牌案例后，又认真研究了行业特点，才慢慢有了一些信心。

❹ 如何看待网友们把易裕和称之为"新晋网红店"？

以前，我对网红这个词有一些抵触，但是慢慢认识到，网红有一定的引领作用，就像长沙也是网红城市，长沙企业也能得到不少网红福利。但是作为餐饮人要想把网红变成长红，需要考虑如何把品质做好，让顾客产生复购的行为。

❺ 易裕和集百家之长，您深谙粉面之道，每日为什么坚持亲自调汤？

经过自己多年的学习和积累经验，我知道如何把汤的味道调好。我也多次强调，长沙米粉的精髓在于鲜、香、纯，所以汤的

味道是非常重要的。

❻ 目前，易裕和发展势头良好，继竹塘西路店后又在广电开了一家新店，接下来是继续走直营模式，还是走加盟连锁？

做事情，我是一个以终为始的人，我的梦想就是在长沙开六家中大型的易裕和。因为做连锁在技术上、品质上都比较难以控制，所以目前还是考虑直营模式。

❼ 门头上的"长沙不过这碗粉"的广告语有什么特别的含义？

其实，长沙人的早餐确实不过就是吃一碗粉而已。

❽ 目前，易裕和保持着稳健的发展，您觉得易裕和在哪些方面还有进步的空间？

第一，作为一个企业，一定要有自己的文化和特性，所以我们一直在不断地修炼我们的企业文化"内功"，要通过企业文化引导员工树立正确的价值观，这不单单是一份事业。

第二，我们的产品需要一个更精细的制作标准。

追问：易裕和背后食材供应链的选择上有哪些讲究？

我们在供应链这一块也是下足了功夫，与一些安全、稳定、优秀的供应链企业达成合作，虽然价格略高于市场，但是能保证我们企业放心干，让顾客放心吃，保证了出品产品的质量和口碑。

❾ 粉和面，哪个卖得比较好？

在易裕和，粉和面的销售比例大概是 3：1，卖得最好的码子是最具长沙特色的肉丝和牛肉。易裕和的顾客大部分是长沙本地的，中老年的群体和以家庭为单位的顾客非常多。

❿ 易裕和为什么要坚持 24 小时全天营业的模式？

第一，易裕和是长沙的网红店，为旅游的顾客提供方便。

第二，这里的交通和停车都非常方便，而且到了凌晨 2 点以后，米粉店几乎都关门了，我们为想在深夜吃粉的顾客提供深夜食堂。

⓫ 目前，易裕和粉的种类有多少？

我们的煨码和炒码一共有 103 种。在易裕和，基本能吃到长沙的各种品类的粉。虽然有不少人提醒我产品需要聚焦，这么多的产品线有一定的隐患。但是我依然觉得这些粉面文化是需要传承和发扬的，我应该有这一份责任。

⓬ 易裕和桌上放两种醋是为什么？

其实，老长沙人对易裕和的陈醋是情有独钟的，但是有的顾客说不够酸，我就立刻换成了山西陈醋，但是又有顾客说易裕和的醋不够香，因此，干脆在竹塘西路店的桌上放了两种醋，以满足不同顾客的不同需要。

05

鲤隐台：让传统湘菜在自然食材和分子料理之间寻找到平衡

季节味道里的分子料理

长沙是一个四季不分明的城市，但在鲤隐台你不仅可以感受到四季的交替，还能在优美的环境里感受到独有的湘菜分子料理。

鲤隐台的菜品是根据二十四节气交替更新的，这样的设置确实让顾客耳目一新，让前来消费的顾客感受到仪式感。对于二十四节气的认识，很多人仅仅停留在文字上面，而在鲤隐台你可以完全沉浸在节气之中。

菜品丰富是鲤隐台给顾客最大的感受，在菜品丰富中依旧保持湘菜的本质，运用现代美学的手法把湘菜通过另外的方式呈现，这就是新一代厨师对待好食材最真实的态度。

鲤隐台的厨师不仅懂厨艺，而且还很懂红酒，颠覆了大家对厨师的认知。世外桃源般的环境给了鲤隐台主理人贺俊贤更多的创作灵感。

没有广告宣传的鲤隐台让人感受到非常大的诚意，这份克制可能只有贺俊贤自己明白。在餐饮行业总有人继承传统，总有人创新并发扬光大。无论哪一种方式其实都是对湘菜体系的发展。

　　湘菜的市井之气与分子料理的精致原本是矛盾的，可在二十四节气文化的包容下，鲤隐台让两个原本矛盾的菜品融合在一起。"季节的味道"是贺俊贤对食材的最好呈现，颠覆了大部分人对于湘菜的固有印象。

　　不想同质化，就必须走出去，湘菜的高级感是靠自己创造的，新一代的厨师必须对创新负责。这是贺俊贤在分享时经常说的一句话。

　　靠着口碑宣传的鲤隐台，逐渐成为长沙人口中的湘菜"新贵"，来鲤隐台吃顿分子料理，让生活的步伐慢一点。

鲤隐台联合创始人贺俊贤的专访

❶ "鲤隐台"这个名字有什么深层次的寓意？创建这个品牌的初心是什么？

"鲤隐台"位于长沙的北边，要走比较长的一段乡村小路，当时准备做一些指示牌，但最后还是放弃了，让顾客有走一段路后来到世外桃源的感觉，所以就取了这个"隐"字；还有鲤鱼跃龙门的寓意，所以取了"鲤"字；"台"意思是在水面之上。因此，把店命名为鲤隐台。

当初想结合水景园林式的场景，打造一个精细品质的产品，既能赏锦鲤，又能找到一处让身心放松且品鉴美食一个地方。

❷ 品牌从策划、选址到最终呈现经历了多长时间？其间是否遇到过很大的挑战或困难，都是如何解决的？

名字还没想好的时候就选了地方，几个董事长非常喜欢这个地方，找到了我和设计师，大概经过了三四个月，做策划、设计与工装，才有了初步的模型。四个月的时间，从2020年的4月到 8 月才有了鲤隐台这个名字，一直到 2021 年 1 月 27 日才开始正式的试营业，筹备过程大概经历了十个月。

首先，就是要结合环境设计和规划。相关方不停地探讨和交流。预算和投资本来是没这么多的，经过结合设计师和另外几位创始人的理念和要求，我们进行了升级。

其次，我本人所负责的这个产品方面。因为之前我们团队最擅长的事情基本上全部都放弃了，就开始重新定位这个产品应该做什么。后来想到湖南素来就有鱼米之乡的称号，放弃类似粤菜海鲜这些在高端餐饮市场上占主角的元素，以湖湘水产湘菜作为我们的经营定位，然后就开始了三湘四水地界的采风，我们不断地在寻找各个地方的地标，特别是水产食品，跑了差不多六七万公里，才有了鲤隐台 1.0 版本的菜。

再次，施工的跨度也很大，这是一个开放式的餐厅，不同于在建筑物里面的装修，这里的装修涉及很多的外围，夏天有暴晒，雨天有淋雨，冬天吹很大的风，有水系、有绿化、有公路，整个公园拆完以后重建，建设过程的艰辛确实只有我们自己才能体会。

最后，器皿准备也很烦琐。我们的 120 个菜品，大约有 100 款器皿都是在景德镇、潮州定制，来来回回多次修改。

❸ 鲤隐台被网友誉为"长沙北的世外桃源"，这是否符合主创人员的愿景？

其实，这就是我们创建的初衷，就是想在长沙北面打造这样一个用餐环境。我们还在努力建设当中，园林是越养越漂亮，可能你这一次来看到的是这个样子，过了一段时间再来，会发现花开了，树长高了，水也越来越清澈了，感觉越来越有灵气了。每次来，都有不一样的感觉，这就是我们创建的初衷。

❹ 鲤隐台菜品的更新频率大概是多少？背后有着怎样的支持？

菜品是根据二十四个节气上新的，差不多是 15 天上新一次，一次大约是 3 个新菜品，而且也不是一味地上新。

菜品的更新由我亲自带队，15 天中会用 1 天到 2 天的时间选择一个目的地采风，我们的顾问苏文峰，设定三湘四水作为我们的目的地。我们有一套自己的打法，首先会预约当地的文化馆，然后一大早到菜市场，包括赶集，去当地地标性的食材基地，还

有当地有代表性的美食餐厅，另外就是探访地方上的匠人进行调研，回来之后，进行创新。

❺ 鲤隐台菜品丰富，横跨多个菜系，如何精准定位鲤隐台的菜品？是美学湘菜与分子料理的完美结合吗？核心优势是什么？

鲤隐台是有纯正的湘菜基因的，精品餐厅以湘菜为根，以湘菜为本。鲤隐台的食材还是以湖湘食材为主，约占百分之七十，其他的都是精选于全球的食材，这对一个精品餐饮来讲也是必不可少的。我们的团队去过广州、杭州、上海，甚至还去过国外的一些城市，融合了各地的烹饪手法，顾客通过品尝菜品，能感受到我们留下的足迹和带回来的美食。

鲤隐台呈现的菜品是一种现代美，这就是为什么 120 个菜品有 100 多款的餐具，基本上是量体裁衣。我们也用了一些团队擅长的分子料理作为辅助，但是基本上都遵循湘菜的 33 个味型，这些味型是湘菜大师王墨泉提出并归纳的。

其实，分子料理在我们的菜品中占比是很低的，因为分子料理确实是需要花大量时间和人工，所以我们主要还是以湘菜的味型为主。我们真正的美学呈现还是以器皿、食材和酱汁所产生的色彩上。当然，在一些菜品上增加了一些仪式感，或者一些烟熏。

鲤隐台 100 多个菜的食材，有百分之七十以上的是来自三湘四水 14 个地州市的食材基地，这些地方的地标食材最后会变成

我们餐桌上的菜品，因此，我觉得优质的食材是我们的一个核心优势。

❻ 鲤隐台在不到一年的时间已经获得本地市场的广泛认可，接下来是继续稳固品牌发展，还是会考虑在其他地方再创鲤隐台2.0 版本？

我们董事会在开会时确实也一直在探讨这个问题，更多的是对过去一年的复盘。不管是管理，还是运营，其实菜品也不是十全十美的，因此，短期内还是要巩固根基，研发新的菜品。

❼ 对于网红这个词有什么顾虑吗？

没有什么顾虑的，因为很符合消费者现在的从众心理。如果能够被标上一个网红的标记，我觉得这是一件很荣幸的事情。打上这个标签后，我希望我们是活得最久的那个网红，所以我们不断地修炼内功，不断地上新，完善我们的产品。

❽ 有没有经历过流量困惑呢？

当然会有，应该说从式营业开始就很担心，因为是一个新品牌，从火车站到店里几公里，听起来是很遥远的，让顾客愿意来是个难题。我们采取了循序渐进的方法，没有做大量的硬广，都是通过食客们口口相传让大家知道。

第五章

网红品牌在年轻消费圈里成了宝

01

坛宗剁椒鱼头：

比头还大的
坛宗剁椒鱼头

三代传承，只为做好一碗剁椒鱼头

坛宗剁椒鱼头自从上了联合国的餐桌之后，很多人对他们的大雄鱼给予了强烈关注。在普通消费者眼中，剁椒鱼头这道菜是湘菜里的经典，是每家湘菜馆必有之菜。相比之下，坛宗剁椒鱼头的鱼肉更鲜嫩、更入味，为此不少媒体还来长沙实地探访和拍摄，为全国人民展示了经典湘菜的风采。

好吃的美食，一定是对食材的来源极其讲究。坛宗剁椒鱼头的鱼头全部来自铁山水库的大雄鱼，在蒸的时候火候把控得很到位，能够最大限度地把鱼肉的鲜嫩呈现出来。

剁椒的选择也是非常重要。市面上的普通剁椒根本不能满足坛宗剁椒鱼头的要求。坛宗剁椒鱼头里用的是津山口福三年窖藏的剁椒，这种剁椒采用新鲜的高山朝天椒，经过 1 095 天的发酵，口感更加丰富。

剁椒鱼头作为湘菜的经典代表，在坛宗剁椒鱼头得到继承和发扬，每一代湘菜厨师都在上一代厨师做法的基础上，重新诠释湘菜的文化，使经典的湘菜得到一次新的洗礼，坛宗剁椒鱼头也不例外。

　　在坛宗剁椒鱼头，每一次上剁椒鱼头都有一个仪式感，这道菜是用大轿子抬上来的。其实，现在很多餐饮店都会在用餐环节里增加一些仪式感，对用餐的消费者来说，已不再是简单的拍照留念，更多的是瞬间的惊喜和感动。

　　坛宗剁椒鱼头三代传承，只为做好一个鱼头，每一代都会在上一代的基础上进行改良，或许只有真正的湘菜厨师世家才能理解他们对剁椒鱼头这道菜的执着，因为它融入了湖湘儿女对于家乡的那份深情。

坛宗剁椒鱼头董事长谭艳的专访

❶ 在炊烟品牌发展势头正猛的时候，为什么会想到再创坛宗剁椒鱼头子品牌？

因为我想用更好的方式，把湘菜品牌推向更高的层次。

❷ 每个湘菜馆里几乎都有剁椒鱼头，为什么还要打造这个单品？

剁椒鱼头虽然作为湖南的头道招牌菜，但是在很多餐厅里，可能不是很重视这道菜，并没有把剁椒鱼头的"灵魂"做出来。剁椒鱼头作为湘菜的代表菜，我想做出这道招牌菜应该有的样子。

❸ 坛宗剁椒鱼头在推出之前，在食材选取、口味研发、菜品呈现等方面做了哪些准备工作？

这道菜的研发前后共用了两年的时间。首先，找许多了湖泊，找到天然放养雄鱼的水库；其次，找湖南的特产剁辣椒基地，还找剁辣椒制作方法；然后对两种最核心、最好的食材进行研发。我们用五种不同的剁辣椒，使这个口味呈现出层次感。当时我们

用三年以上的封坛剁辣椒试制了几百次，最终在 2017 年试验成功，坛宗剁椒鱼头应运而生，正式面世。

❹ 相较其他湘菜店的剁椒鱼头价格，坛宗剁椒鱼头的价格明显偏高，有什么独特的优势或价值吗？

我们对食材的甄选是最苛刻的。我们只选用 6 级以上的大雄鱼，比其他的剁椒鱼头大一倍以上。另外，只选生活在 2 万亩水域以上且是符合国家饮用水标准的鱼，吃浮游生物的大雄鱼，肉质特别紧实、细嫩，没有鱼腥味。

我们对剁辣椒的选择更严苛，坛宗剁椒鱼头里的剁椒是五种老坛剁椒的黄金配比。我们对用的油和汤汁，也是有要求的。

坛宗剁椒鱼头这道菜不仅色、香、味比较独特，而且还很健康、有营养，具有独特的品质和价值。因此，价格会比较高。

❺ 2018 年，坛宗剁椒鱼头代表湘菜走进联合国，选取的是铁山水库的鱼头，这鱼头是怎么运到联合国的？其中遇到了什么挑战？这道菜为何能赢得外国官员的青睐？

因为没办法运送活鱼，所以把剁下来的鱼头，用零下 18 度的温度进行急冻，以保持新鲜，然后空运到联合国。

我们的坛宗剁椒鱼头被选中作为湘菜的代表菜之一，去参加联合国晚宴，我感到很荣幸。在联合国，官员都是用刀、叉吃，但是那天晚宴都是用筷子吃，特别有价值和意义。

坛宗剁椒鱼头上桌的时候，鱼头上面插了一个小旗子，而红红的剁辣椒和白嫩嫩的鱼肉融合一起，能迅速刺激人的味蕾。因

为我们坛宗剁椒鱼头有酸爽之味，所以会让人在吃的时候感觉酸辣爽口，越吃越想吃。

❻ 坛宗剁椒鱼头连续4年成为大众点评必吃榜的美食之一，采用了哪些方式与消费者互动？

我认为，做坛宗剁椒鱼头的初心，就是要用更优质的食材，做出更好的口味，让我们的消费者享受到美食的乐趣和美食的健康，从而得到消费者的认可。

❼ 在将来，坛宗剁椒鱼头会考虑走出长沙吗？

会的，我们现在在长沙夯实基础，把自己打磨得更好。预计两三年后一定要走向全国，甚至走向全世界。

够专椰水果茶

果呀呀：让人爱不释手的茶饮

果呀呀

果呀呀果然火了呀

在长沙的新茶饮品牌里，除了茶颜悦色之外，不得不提果呀呀。在一些商场中，果呀呀和茶颜悦色就是邻居，这两个茶饮品牌号称长沙茶饮界的"绝代双骄"。当然这两个品牌的创始人私底下也是很好的朋友。

果呀呀创始人是吴畏，养殖专业毕业的吴畏如他的名字一样，无所畏惧。别人都在做工业化，他却想做手工化。起初，吴畏入局红豆茶，却并没有尝到茶饮行业带来甜头，红豆茶被淹没在铺天盖地的奶茶店中，连一点声响都没有。

一年四季做果茶，也不是一件容易的事情，毕竟在鲜奶茶等各种奶茶品牌的攻击下，长沙这座网红城市的消费者对茶饮的需求度也逼近饱和。然而，看着马路上拿着奶茶边走边喝的年轻人，吴畏内心更加坚定要做鲜果茶。

不断深挖年轻人的消费需求，成为果呀呀一直关注的方向。很多人第一次来长沙不知道果呀呀，当在茶颜悦色排队的时候，看着隔壁也有很长的排队，就想一探究竟，在满屏新鲜水果的视觉冲击下，也有不少消费者会加入果呀呀的排队大军中。

　　能够在如今竞争激烈的消费市场里活下来的每一个茶饮品牌，几乎都有辛酸的故事。毕竟创业的艰辛并不是一般人可以理解的，坚持成了创业者的必修课，吴畏也是如此。

　　大部分人的创业并没有太多机会，也没有创业者想象得那么幸运，一路的艰辛和苦难磨炼了吴畏。如今很多的消费者都知道果呀呀这个品牌，但是创业背后的辛酸，只有吴畏自己明白。

果呀呀创始人吴畏的专访

❶ 您是安徽人，大学学的是养殖专业，为什么会想到来长沙跨行创业？

在大学，其实我是被调剂到养殖专业的，不是自己选的专业。大四的时候，很多同学方向很明确，比如考研、考公务员，而我很迷茫。大四那年，我在一个奶茶店做过兼职，这个经历开启了后来我创业卖饮料之路。

❷ 您觉得在自己的创业过程中遇到过贵人相助吗？如果有，在哪些方面给了您支持和指引？

我的贵人是我现在的合伙人，是我曾经干兼职的奶茶店——地下铁奶茶店的老板。有一年，在圣诞节卖卡的时候，我拿了这家奶茶店的代理，干起了兼职。

结果很意外，我得了个人的业绩第一名。后来老板发现第一名竟是一个兼职的妹子，觉得很好奇，于是想见见我。

老板就在外面隔着个玻璃观察，看到我像个猴子一样很活跃，一上午在那儿点单，与顾客交流等，表现欲特别强。就是这

样的表现得到了老板的认可。于是，把我升为兼职店的店长。后来，还让我去办公室改菜单、管加盟等。

大学毕业后，之所以能创业，也是因为有这个机缘巧合。

大学毕业后，我去北京闯荡。有一天，我突然发现银行卡多了 2 000 元。我立即给干兼职店的老板打电话，问个究竟，是不是打错了，老板说，知道你一个人在北京不容易，希望能帮一下而已。我对这个老板印象很好，他会替员工考虑，会希望你更好。两年之后他给我打电话，说奶茶店倒闭了，他回老家长沙了，问我要不要回来一起做奶茶。

我现在把他对我的好定义为三个字：人情味。因为当时感受到了这种人情味，所以我才留下来创业，才会很相信曾经合作过的伙伴。

总之，我觉得我自己遇到了比较真诚的老板，才有了成长。

❸ 您在招聘员工的时候，考核的标准是什么？

我在招聘员工的时候，一般很少会问应聘者未来的规划是什么，也很少会讲果呀呀未来的发展规划。我一般会问他们过去是怎么做事的。如果是学生，我会了解一下他过去是怎么跟室友相处的，或者是在与室友有冲突的时候，怎么去面对的。

关键是感受一下他会不会在面试时候真诚地表达自己的弱点，比如，发脾气了，或者情绪不好。有的伙伴会很真诚地表达自己很"社恐"，其实我会觉得这没有关系，如果他很真诚，就可能在果呀呀成长得比较好。

果呀呀招聘员工要看真实的状态。因为员工除了跟顾客打交道，其实更难的是跟伙伴相处，因为一个店有二十多个人，正常一个部门如果有十几个人，小矛盾都会特别多，更何况门店可能有新员工有老员工，像我们店里有年龄大的姐姐——切芒果的姐姐，年龄可能就跟妈妈差不多，有刚毕业或兼职的学生，也有那种快结婚的小伙伴。每个员工跟不同性格的伙伴长期相处，会比面对顾客的短暂相处要更难。

对顾客好好服务，我觉得谁都会，它很容易，而员工之间长期相处就比较难，对不少员工来说，离职的关键原因就是跟别的员工相处不好。

❹ 现在市场上有很多知名网红品牌，如喜茶、奈雪的茶等，为什么还会坚持做果茶？

其实，我刚开始没有勇气砍掉奶茶，后来我查了一下营业额，发现芒果茶很受大家喜欢，尤其是夏天，销量第一，比奶茶卖得好。我们在商场开第二家店的时候，干脆把奶茶砍掉了，结果，很多顾客来店质问我：为什么把他最喜欢喝的红豆奶茶砍掉了？

刚砍的第一年，店里的业绩下滑了一半，我犹豫过，我偷偷地把红豆奶茶恢复了大概一个星期，发现也没人来喝。我觉得，是我想多了。后来，我到水果原产地实地考察，发现了更多的水果茶品类，慢慢品类多了，人气也旺了。

❺ 果呀呀在品控、产地直采等方面，有哪些把控和要求？

我认为，品控取决于对门店的管理。其实我们对一线人员的要求很简单，按照标准采购水果，直接发到仓库。水果挺难处理的，不像一个烘焙好的茶放一段时间是不会坏的，水果不一样，采购的时候是一级果，到仓库熟了很漂亮，但是如果放在店里管理不好，第二天就会蔫了。

所以，不仅要从源头进行标准控制，还要有门店标准，这是极其难管理的。到现在我都觉得如果重新给我一次机会，我应该不会做水果茶了，真的很磨人，有时候被磨得睡不着觉。你得去判断水果的生熟，得去把控用量，这个量不能太多，太多放到第二天就有点蔫了，第三天是绝对不能用了。所以它就会导致损耗很大，成本又高。

我们一直坚持手工制水果茶，这是最原始的办法。我认为，有些人坚持喝果呀呀的原因可能是看到我们是在厨房现做。我们没做太多宣传，厨房玻璃上都没贴宣传画，就是想让顾客看到水果的品质。我觉得当厨房开放了，在顾客眼皮底下去做这个事的话，我的那些伙伴也会很严格要求自己，就会自律。如果拉帘子，这真的是一层遮羞布了——你到底在里面做些什么事，没有人知道。

质量管控最好的方法，就是让顾客来监督。在众目睽睽之下，必须光明正大地干。比如，在餐饮店，这个师傅不管有什么毛病，在明厨亮灶之下，他不敢显露出来，也不敢偷工减料。

明厨亮灶不是达到了实验室的标准，但是让顾客有一种感觉，妈妈在厨房里做饭的这种感觉：妈妈也是这么切菜的。但我们会要求高一点，要戴手套、戴发网发套。

我早期在管一两家店的时候，基本上一天要花很多时间看监控，因为我担心员工在后厨乱来。刚开始把厨房开放也是很慌的，怕有些动作不是那么规范，可是后来慢慢就好了。有一天，我突然发现，跟着我切了七八年水果的芒果姐姐，不用我来教她，她自己会戴手套。

明厨亮灶真的是餐饮界非常好的一个举措，可能很多人还会觉得有配方要保密，但我的认知是，其实产品的配方是没有秘密的，员工总是要知道这个配方吧。所以说，明厨亮灶其实是为了放心——让顾客

雪里红

卡士
CLASSY·KISS
卡士酸奶果昔

轻卡上阵 系列

放心，让自己放心。

❻ 未来果呀呀是否会考虑加盟或进入其他城市？还是坚守做直营店？

目前，我们开了 50 多家店，主要在长沙。未来，可能会深圳开店，我喜欢那里的气候，而且有大海。不过，现在我还没准备好，等我有这个实力了，再去。

❼ 关于"90 后"创业者，您有什么好的建议？您觉得需要具备哪些基本条件？

牛油果大战椰子

跳椰跳 系列

我觉得，行行出状元，怕的是遇到不合适的合伙人。可以从与你共事过的人里选择搭档，就像茶颜夫妻创业，挺成功的。跟你患过难的，或者是跟你经历过一些困难的，你们能有一些共鸣，一起共过事，比如，你在单位里一定有很喜欢的同事，如果你们出去创业，可能会比你跟闺蜜创业坚持更久。

❽ 在做果呀呀品牌的过程中，都遇到过哪些困难或挫折？ 又是如何应对的？

可能很多人以为我是想好了定位水果茶才开始做的，其实不是的。果呀呀名字的由来也很简单，早年有个卖小饰品的，叫"哎呀呀"，我很喜欢。因为刚创业的时候，我是卖奶茶出身，也想卖奶茶，总不能叫奶呀呀，当时想到以后有水果饮料，就说叫果呀呀。现在做的芒果雪乐是我们的第一款水果饮料的爆品。

我认为饮料是不断迭代的，也没有说原创，虽然以前也会讲芒果雪乐是原创，但我觉得还是前辈甜品店做过开发的，我们只不过是把它从碗里面放到杯子里了，做了一点点创新而已。

现在我们就很困难，创业前三天真的是非常快乐、非常兴奋，非常想告诉大家：我创业了。但是后面的每一天都想问自己：我为什么要创业？就像现在的果呀呀，它依然面临要跟其他茶饮品牌一样或不一样的各种困难。在茶饮这个赛道上，品牌之间越来越同质化，经营也越来越困难。

我们有往本地水果茶找一些思路，其实还是加深水果的印象，紧扣水果这个点，希望果呀呀在水果茶这个细分的市场上创造一些不同的价值。

03

客串出品： 吃烤串，容易遇到自己喜欢的明星

客串出品，必是精品

在长沙，一些流量大的餐饮店一个月的客流量，可能都相当于外省店一年的客流量，当然这样客流量也决定了长沙餐饮界竞争激烈，而客串出品能在长沙烧烤界闯出一片天地，确实不容易，毕竟在长沙的烧烤领域有不少火爆的品牌。

客串出品的烧烤属于湘派烧烤，是把湘西小串和岳阳烧烤结合起来的一种烧烤。很多明星参加完综艺节目就直奔客串出品来撸串，明星效应带动了一些顾客前来打卡。

客串出品被人称为"长沙烧烤界的劳斯莱斯"，每次去晚了，就要排队一两个小时。店内还设有自助 KTV 点歌机，更加年轻化的元素和社交方式设计，让客串出品赢得了不少年轻人的喜欢。

曾经烧烤只做两季，如今烧烤已经贯穿四季，客串出品的烤串能够最大限度满足食客的需求。虽然在店里可以看到众多明星与创始人王浩的合影，但是单纯靠情怀是很难带动发展的，客串出品还是靠品质赢得了顾客的认可。

在发展过程中，客串出品不仅赢得了口碑，还在品牌发展过程中荣获了"芙蓉夜经济之星""中国餐饮创新力TOP100""美团外卖餐饮大奖"等业内认可的荣誉。

传统烤串都是靠人工进行加工，而客串出品拥有一家标准化6S中央厨房工厂，足够保证其十几家直营店和百家加盟店的产品标准化和规模化需求。

无论是在消费场景上的延伸，还是在产品结构上的丰富，客串出品在接下来的发展道路上可能需要有更大的投入。目前，国内烧烤头部品牌还没有真正形成，这对于客串出品来说或许是一个机会。

客串出品创始人王浩的专访

❶ 客串出品名称背后有什么故事呢？

当时想做烧烤的时候，我也不知道具体该怎么做。客串出品刚起步的时候是在别人的门店里面做，最早的时候我选择了在餐厅、酒吧、KTV 这样一些符合夜宵场景的地方开门店。

不少的餐厅到了晚上 8 点钟以后，就不再接待顾客了。我就把这个餐厅租下来，开始卖烧烤。后来，给自己定了个小目标：如果能够做到 2 万元一天，就证明产品得到了一些顾客的认可，那就去开店。我大概花了两个月的时间做到了这个目标，于是开始筹措开店，开店就要考虑取名的问题。

因为当时没有门店，只能利用其他餐厅的闲暇时间，觉得这种商业模式应叫"客串"。正好中间又有个"串"字，用来做烧烤，我们都觉得很合适。但是"客串"这个商标注册不下来，所以加了"出品"二字，就成了"客串出品"。

❷ 客串出品发展到现在，遇到过什么困难？

在这五年中，遇到最大的困难就是怎么搭建我们的供应链，怎么能够生产出更好的产品。

现在的困难在于人流量的下滑，前端的执行门店会有些困难。对于供应链来说，是不停的增长，五年时间，供应链的价值已经到了一亿多元。

❸ 现在除了在长沙有门店，有去湖南省外城市发展吗？

目前，在 6 个省开了"客串出品"，将近 50 家门店。我们的主力战场在杭州、无锡和宁波，这是 "客串出品"走出湖南的第一个"战区"。

❹ 据说，只有到客串出品撸串，才能偶遇自己喜欢的明星，为什么有这么多明星前来撸串？

这可能跟我在 2015 年做的定位有很大的关系。我为什么会选择这个市场？就是夜宵没有品牌，烧烤没有品牌。我当时做"客串出品"，就是想解决这个问题。湖南卫视有这么多的明星资源，他们来到长沙以后，晚上也许就想找一个环境比较好，味道比较好的地方吃夜宵。

当时，吃烧烤环境最好的地方可能就是"客串出品"。在"客串出品"之前，大部分烧烤都是路边摊儿，而"客串出品"租了一个三层楼，把它装修成中式风格，环境很好。湖南卫视会经常邀请我们去参加一些节目，口碑传播力强。

❺ 在跟粉丝互动时，"客串出品"推出了一个 "放题烧烤"活动，与自助餐有什么区别呢？

这是两个不同的概念。

自助餐适用于所有的场景，什么东西都要自己取。你想吃的东西，可以随时取，所有的菜品，拿到桌子上去吃。但是我觉得这种形式不适合烧烤。烧烤必须趁热吃，所以就餐区不能准备很多烧烤，如果太多吃得不及时就会变凉了，口感也不好。当时我就选择"放题"。"放题"就是顾客要点单，但是费用已经买断了。

比如，当时我们尝试做了"88 放题"——88 元钱可以在客串出品吃到 60 多款产品。现在我们就对"放题"升级了，就是顾客来"客串出品"，烧烤时不用点单了，就听我们的安排。服务员会平均每 5 分钟帮顾客上一道菜，顾客选择要或不要。

❻ 当时为什么会想到做"放题"活动？

我们其实不是为了做营销、做活动，只是想改变商业模式，做一些尝试。当时我们就想"客串出品"的供应链体系很强大，怎么能够创造一种新的烧烤商业模式。公司研究之后，做了一个大胆的尝试——"放题"。

但是我们没有控制住，因为当时定的是拿 3 000 份尝试，3 000 份其实亏不了多少钱，这个套餐在几十秒就卖完了。有很多人没有买到，就在抱怨，甚至投诉。紧接着我们又放了 3 000 份，结果是一样的，瞬间被抢没了。还是有大量的会员不停地在跟我们提出需求，前前后后一个星期，陆陆续续放了 1 万份。不能再放了，再放下去的话，门店就完全接待不过来了。

❼ 您从中学到了什么经验吗？

一方面，很高兴有这么多消费者喜欢我们，"放题"每次一放出去就秒空；另一方面，大家都说吃烧烤的消费应该在五六十元钱，我们把这个价位提到了 88 元、90 元的时候，消费力还是在不停上涨。由此可见，这个行业是有很大的潜力的。

❽ 客串出品除了做门店的烧烤，还发展了户外烧烤，这是出于怎样的考虑？

因为新冠肺炎疫情，大家都选择近郊旅游，也会选择城市周边的农家乐或者一些民宿。我自己就找了浏阳的一个民宿，几个家庭一起过去玩。白天玩得特别开心，因为民宿的环境特别好，有山有水，还有一些田园采摘。

但是到了晚上，周围都是黑的，大家只能在房间里面看电视。这个时候如果有户外烧烤多好，所以我当时就想：可以跟民宿合作。我们选择了浏阳的几个民宿，效果特别好。

现在通过民宿，慢慢延伸到了农家乐，再慢慢延伸到了一些公园，又延伸到了一些车友的活动。

❾ 据了解，你们的烧烤工具都是创新型的，这些创新用了多长时间？

一个多月。

首先，需要很简易的烧烤炉，这种烧烤炉是我从几十个炉子里面选出的。

其次，通过工厂制成各种调料小包装。

最后，做成套装的各种食材，套装里一应俱全，很方便。

在做这个尝试之前，我们做了一种测试。把公司的员工分成了四个团队，每个团队去准备烧烤的食材，看看花多长时间、花多少钱。

尝试之后发现，花费最少的一组都用了500多元，从早上采购到下午做准备，晚上打包，用了一天的时间。如果让客串出品准备，大概就是200元，因为我们是批量采购，采购的成本很低。

我们把所有的东西拆分，可以帮消费者降低浪费和损耗，而且专业加工的食材，会比在家里面做得好。

⑩ 现在，客串出品有没有跟其他的品牌合作？

跟其他品牌有很多合作。在长沙，我们只跟连锁店合作，不跟单店合作。像文和友、温莎KTV和蛙来哒，这些都是长沙的连锁品牌，他们的烧烤都是由客串出品提供的。

上海的龙虾品牌红盔甲找到我们，我们按照他们的要求把产品标准化，然后把他们的产品发到全国的各个城市。

⓫ 客串的户外烧烤食品套装的味道是不是基本上能够复刻门店的味道？

户外烧烤食品套装与门店都是一样的。户外烧烤产品的渠道与客串的门店一样，工厂会给客串供货，但因为工厂是独立的，客串只是投资方之一，所以这些的货也是客串花钱买的。货都是一样的，工厂会把货卖给客串，会把产品卖给户外，也会把很多的产品卖给一些同行。对消费者而言，只存在不同的人都对火候的不同认知，就是说火力大小的掌握不同。

别人问我：什么是最好吃的烧烤？其实这句话在我心里只有一个定义：我跟我的家人出去烧烤的时候，我女儿烤给我吃的是最好吃的烧烤。

⓬ 您如何理解消费场景和消费体验呢？

消费场景是很重要的。其实，我们今年想把整个烧烤品类再提高一个层次。因为烧烤有三个维度：第一个维度是烧烤摊儿，第二个维度是烧烤店，我们现在升级的第三个维度是烧烤餐厅。现在客串出品做的是烧烤餐厅的烧烤吧，用餐环境更舒适，而且更加适合家庭就餐。

追问：客串出品富地店具有哪些独特的社交属性？

富地店的装修环境很好。富地店是一个过渡产品，它是把年轻人所喜欢的啤酒跟烧烤结合，同时配上音乐。店里准备了一台点唱机，顾客可以扫码点歌，自己去唱。

我们现在有一种即将要开的新版本的店，像怀远的云玺店。这个店更好玩，它将三件东西结合：第一个是酒水，第二个是烧烤，第三个是最好玩的，叫娱乐。我们把湖南的娱乐文化、娱乐精神植入这个门店里。

这个新店会有一个主持人，主持人用即时脱口秀的形式跟顾客互动。比如，看到一杯啤酒，他就会围着这啤酒讲故事、聊段子、聊脱口秀。没有提前备好台词，就是按照主持人的那种即时性去讲，增加互动和乐趣。

这种方式也能加强顾客用餐的体验和印象，我们很重视顾客的消费感受。因为这个门店不算太大，100多个餐位，是精酿主题餐厅，来这个地方的人都是有一定的社交需求的。我们就是通过这样的互动，抓住了顾客的注意力，强化顾客的认知。

⑬ 在将来，客串出品的成长空间还有哪些？

从整体来看，这个行业原来不受人关注。我经常思考，怎样才能做出更好的产品？怎么能让中国的烧烤走向世界？因此，我一直在做供应链这一块儿。如果能够把中国的烧烤做好了，能代

表中国的味道，就能够把这个产品推广到全世界。

客串出品在这几年一直在做设备的研发，计划在 2022 年年底推出世界上第一台智能化的烧烤设备。这个烧烤设备会带着行业跑得更快，大大降低人工成本。

⓮ 怎么在外卖中保持烧烤的口感呢？

我们在这一块儿做了很多的研究，买了很多的外卖保温的设备。现在客串用暖宝宝做保温。烧烤的独特性决定了没有办法让外卖口感跟在门店吃是一样的，但是我们能够做得到的就是，让顾客吃到有温度、有热度的烧烤外卖。

用暖宝宝做保温是一个同事给的灵感，正好那天做外卖测试的时候，他提了个暖宝宝，说要不试试这个，一天捂了四五个小时还是热的。然后我们就开始研究暖宝宝的可行性。

暖宝宝用到产品上的时候要注意两点：

第一，食品安全。暖宝宝达不到食品级，我们没有把暖宝宝贴在食材上，而是在增加几层的外包装上，保证食品安全。

第二，温度达标。暖宝宝贴在人身上的时候只有四十多度，外包装增加几层后温度更低了，为了达到温度要求，我们从工厂定制了专用的暖宝宝，温度可以达到七十五度，隔着几层包装纸温度也能达到要求。

⓯ 从做奢侈品到一起了烧烤，您积累了哪些创业经验？

原来我接触到的都是一些国际大品牌，我现在做客串出品的经验多是来自我对这些品牌的认知，我舍得去投广告和做自媒体，

把自己的产品包装得更漂亮。

　　之前的烧烤有品类、无品牌，满大街都是烧烤店，但没有一个很好环境，所以这方面有很大的市场。我们聚焦产品，没有扩张计划。我们的定位是"让牛肉串等于客串"，从门店到工厂都包装牛肉串。全国羊肉串很多，但是只做牛肉串的很少，我们的供应链很丰富，只做牛肉串，是为了以后说到牛肉串，消费者就会想起客串。

04

南景饭店：如果你
不拍照发朋友圈
等于没来过

一宴一景，大美南景

在南景饭店感受到的不仅是时尚的科技，还有足够正宗的长沙老味道。一般而言，一家饭店能让顾客持续来，一定是某方面引发了顾客的味觉共鸣。

南景饭店作为湘菜的先行者，一直在不断创新，不断在空间设计和菜品上创新，逐渐成为中国湘菜企业的典范。到过南景饭店的人除了吃饭，还会拍照合影，在不少社交平台上都展示了很多南景饭店让人向往的图片。

南景饭店的定位是"款待心中最重要的那个人"，这样的定位比一般的商务宴请定位更重视顾客的内心需求。其实，餐饮的消费升级并不是简单的对菜品升级，更多的是对服务和情怀的升级。

南景饭店给顾客很多免单的机会，这看起来似乎不合理，其实是彰显了经营者深知靠顾客传播口碑的重要性。南景饭店已经不仅仅是一家饭店，而是与用餐的顾客逐渐成为朋友，这种商业维度充满了人文情怀。

用米其林大厨打造菜品，是南景饭店的一个奇招。菜品的精准和锅气的保留，再通过厨艺的展现，创造了独特的湘菜。

一宴一景，大美南景，无论是包厢的设计，还是陈列的细节，都让顾客感受到南景饭店的诚意。用餐只是在南景饭店完成了第一步，朋友圈里的点评、口碑的传播，才是南景饭店更为看重的。

如果有一天你来到南景饭店，你可以尽情拍照，记录下美好的瞬间。

南景饭店首席执行官熊雄的专访

❶ 据了解，南景饭店的前身是友友饭店，友友饭店当时在长沙非常有知名度，为什么后来更名为南景饭店呢？

取名"友友"，就是要有朋自远方来，不亦乐乎。当时做这个品牌时候，想的是如何让传统长沙菜的味道传承下去。但是在做的过程中发现，很多人认为湘菜并不属于高端菜肴，但是我们想做一个具有国际水准的湘菜，因此，我们把品牌进行了升级，

改叫南景。

❷ "友友" 一直保留至今，与南景是什么关系？

现在我们成立了一个南景集团，下面有几个子公司，友友饭店是其中的一个子公司，南景饭店也是其中的一个子公司，下面还有南景花房、卡罗西屋，还有一个做烤肉的，一个做甜品的，涉及的领域比较多。

在南景集团领导下，各个子公司单独发展。友友是以传统湘菜的延伸为主，而南景品牌除了传统的湘菜以外，还有新派的粤菜、融合菜、海派菜以及一些西点，甚至把一些京菜也融进去了。

两者的消费层次不一样。南景的人均消费定位在300~400元，而友友的人均消费定位在100~200元。友友消费更倾向于家宴和朋友之间的聚会，南景更倾向于商务宴请。

追问：融合菜是什么菜？

根据菜系分配，一般是说有八大菜系，其实真正意义上，还有很多细分菜系，这些细分菜系与这八大菜系相互融合。比如，粤菜讲究食材、讲究精致，它是以汤盅为主；京派菜、宫廷菜讲究烟爆制菜；鲁菜也有烟爆制菜的风格；川菜讲究麻；湘菜以小炒辣为主。我们把各种菜的特色融合起来，从而形成融合菜。包括海派菜有一些西餐的做法——中餐西做，中餐与西式的分子料理结合，从而形成一种融合菜和海派菜的融合。所以整个南景会有更多不同形式的菜品呈现给顾客。

❸ 南景品牌创立至今，经历了几次迭代呢？目前新的品牌有什么亮点呢？

南景饭店品牌前后经历了两次迭代，到现在为止，已经更新至 3.0 版本了。

2021 年 1 月 18 日，我们打造圭塘河店，也就是现在大众点评上的 5 榜综合好评第一的饭店——热门榜、服务榜、环境榜、口味榜、点评榜，这个是我们南景的 3.0 版本。之后，计划在 2022 年的下半年，打造南景饭店的金融街店和梅溪湖店，为南景的 4.0 版本。

为了回馈消费者对南景饭店的厚爱，我们推出了"四大免单"活动：第一，给长辈过生日时，提前告诉我们，我们跟你一起策划，如果长辈没有被感动得流泪，免单；第二，已经结婚了，与另外一半来这里过各种纪念日，告诉我们背后的故事，你的另外一半没有当众亲吻，免单；第三，在南景招待合作伙伴，就是商务客人来消费，告诉我们背后的合作故事，我们来跟你一起策划，如果没有当场达成签约意向，免单；第四，还没有结婚的小伙伴，告诉我们背后的恋爱故事，我们来跟你一起求婚，没有当场求婚成功，免单。

我们敢于向顾客承诺，任何一个服务员都有权免掉所有的餐费。只要顾客在用餐过程认为哪一个菜不好吃，在买单的时候，可以退掉，这是我们要追求极致顾客体验的表现。

追问：新开的店在选址上有些什么要求呢？

选址上我们可能会更多倾向于商务功能，比如，金融中心、银行总部板块等，或者选择一些高端的楼盘板块以及一些教育资源配套比较齐全的板块。我们没想过现在大面积开店，筹备将近有一年了，2022 年年底才会动工，装修还需要一年多的时间，所以基本上开一家店都需要三四年。

南景没有盲目开一家店或复制一家店，每家店都有不同的地方，在投资的过程中，我们希望打造一个有品质的店，脚踏实地，给消费者一些很好的东西。

❹ 能介绍一下 3.0 版本的亮点吗？

第一个亮点就是我们打造的首家湘菜米其林大厨，圭塘河店的出品团队全是由原澳门 8 号餐厅——中国较早的米其林三星餐厅的主厨团队，来进行主厨料理。现在燕鲍池店的主厨也是很有实力的。顾客能够不出长沙，就感受到米其林的品质。

第二个亮点就是我们打造了有品质的用餐环境，提升了接待人员的状态。接待团队都是年轻人，圭塘河店没有用湖南本地的管理人员和餐饮从业人员，用的全是我们新招的学生、实习团队和餐饮小白，我们打造了一个新的运营模式，一种餐饮阿米巴运营模式，这可能也是餐饮行业首次采用精细化的阿米巴运营模式。

追问：为什么这家店不用湖南本地的管理人员和餐饮从业人员呢？

因为我们是想打造一个跟北上广深完全同步同轨的一种餐饮模式和运营轨道，所以我们运用了新的团队和新的人员，来打造一个完全脱离于湖湘的管理模式。我之前在北京的时候做过中国服务学习联盟，与我的同事一起创立了以服务为主的一种经营管理模式，所以我们在创立圭塘河店的过程中，也是在做服务的一种延续。

追问：用这么没有经验的员工，不会有什么担心或者顾虑吗？

有啊。前三四个月的时候会有很多担心，开始也确实有很多顾客说接待人员不懂得人情世故。但是如果我们不去尝试，餐饮行业未来的发展点在哪里？我们这里人均消费不低，定位又是商务宴请，按正常思维是要有训练有素、经验丰富的接待人员，但是我们敢大胆起用新人。为什么？因为在起用之前，我们做了一

件"大"事情，大概花了有 300 万元去做这个团队的培训，培训时间长达 7 个月。刚开始培训了 200 多人，每周会淘汰一人，因为我们是末位淘汰制度，到最后只剩下 70 多人的进化团队，我们称之为圭塘河店创始人团队。

追问：如果想要成为南景人或者南景员工，身上需要具备哪些最基本的品质，有什么样的考核标准？

肯定是有考核标准的，但是不算高：第一是要热爱这个行业，热爱餐饮；第二是要品行端正。具备这两条就能够给予机会。因为我们经常说这一句话："员工没来之前，能力不高，不是我们的错，但是员工来了以后，没有得到有效提高，就是我们的错。"

在我们这里实习的一些学生，工作满一年，可以去考取驾照，公司会做相关费用的报销；在实习的过程中，想去考本科文凭或者大专文凭，公司都会鼓励和支持，并报销相关费用。

南景所有的优质岗位和管理岗位不对外招聘，全从内部培养。南景最年轻的店长 19 岁，最年轻的经理 18 岁。不论年纪、经验和时间长短，只要你有拼搏的精神和愿意付出，我们就愿意把平台给你。

❺ 做这个品牌的终极核心目的是什么？

其实现在南景每家门店的核心管理人员，基本都是我们的合伙人，可以说，大量跟着南景奋斗的员工从以前的打工者变成了合伙人，变成了股东。对餐饮人来讲，不少人当初做餐饮就是因为没好好读书，或没机会好好读书出来找份工作，能够包吃包住的可能就只有餐饮行业。

但是，我们希望未来餐饮行业走向专业并挤干行业水分，能够让行业从业者找到一席之地，能够让每一个员工有好房子住，每个家都有好饭吃，这就是我们做这个品牌的终极核心目的。

❻ 在以湘菜为主的基础上，南景饭店在哪些方面进行了创新？

提到湘菜，很多人第一时间会想起剁椒鱼头或者小炒肉。这些年市场上一些发展得比较好的品牌逐步在向湖南省外延伸，比如，徐记海鲜、炊烟时代和费大厨。根据美团点评的大数据来看，湘菜应该是在 2022 年首次占据八大菜系排行榜第一。从在这个点上看，我们首先可以对湘菜做更多的延伸，比如，提升湘菜的颜值，湘菜的颜值就是对湘菜呈现的提升。

第二，把高端的食材和湘菜做法相结合。很多人认为，湘菜就是炒肉，离不开鸡、鸭、鱼、肉。但是，我们在大胆尝试，比如，我们会用到海参、鲍鱼、帝王蟹和龙虾。对传统的湘菜做法，我们保留其精华，比如，煲银鱼、咸菜蒸肘子，但是可以打造更好的造型，让更多的年轻人能够拍照去传播。因此，我们在 2022 年提出了大美南景、极致客户体验值和内控流程的三大战略升级。

❼ 您认为，最能代表南景特色菜的是哪一个？

消费者首先想到的应该是南景的第一鸭，又被称为长沙第一鸭。南景的烤鸭，属于传统的京菜。我认为，北京烤鸭到现在为

止有两个流派：一个是便宜坊，已经有 600 多年历史了，它是中国烤鸭流派里焖炉的代表，讲究隔火外烘内煮，追求的是肉嫩；另一个就是全聚德的烤鸭，挂炉烤鸭，用明火直接烤，追求的是皮酥。

我们在研究历史文献的过程中，结合各派烤鸭不同的特点——焖炉和挂炉，形成了南景的烤鸭特色，达到了鸭皮酥松、鸭肉嫩滑、低脂少油、入口即化的四大特点。

在烤鸭搭配的酱料和配料上也比较有特色：第一，酱是自己调制的，更符合湖南人的口味；第二，在调料的搭配过程中，加了一些辣椒丝，还有一些胡萝卜丝，吃起来更爽口、更脆。这样的调整既能够保证烤鸭的特色，又能够结合湖南当地人的习惯。

现在，不少消费者抱怨，在南景吃烤鸭，需要提前预约。这不是限量，而是烤不过来。因为烤鸭的过程非常复杂耗时，要先悬挂风干、晾皮，再进行烤制片皮，最后上桌呈现，有很多工艺和步骤。

❽ 目前，每个新店各有什么特点？

万家丽旺德府大厦店，我们称之为南景的盛宴店。这家店的装修风格是以欧美风为主。当时，我们在欧洲考察之后，结合了欧洲各种城堡的特色，把精华融合在里面，从而形成了中式和欧美风格结合的一个传统性的餐饮门店。这家门店有长沙最大餐饮房间和桌子，有能够坐到 40 人到 60 人的大圆桌。

第二家店是圭塘河店，差不多筹备了三年时间，再加上一年装修，总共花了四年时间。在打造的过程中，我们想呈现的是酒店的品质。我们去全国各地，尤其是北京、上海、广州、深圳等城市考察，让团队能够亲自感受品质，回来才能呈现给客户这样的品质。

❾ 如何理解 "一宴一景，大美南景"？

在南景的任何一个地方，都是顾客的打卡点，因为这些都是经过我们特意精心布置的景观。在中国的传统文化里面，并不是说要有三四桌才能称为"宴"，其实单桌也可以称为"宴"。"一宴一景"就是每一种宴请都是一个风景。

比如，我们餐桌上摆放的鲜花，每一天摆放的都不一样，每一处景观，都是由我们专门的花艺师根据不同的季节，进行调配和定制的。在这里不单单是吃饭，背后还被赋予了许多意义，比如，一个餐具叫喜鹊登梅，这套喜鹊登梅的整个器皿称为喜鹊，是希望用喜鹊多彩的颜色，描绘生活的缤纷多彩。每一个产品、每一个设计都有它的寓意，从而呈现出"一宴一景，大美南景"。

❿ 新店打造的是江南园林风景，外加裸眼 5D 宴会厅，为什么会要打造裸眼 5D 宴会厅呢？

当时，我们团队在对韩国大邱的一个商超考察的时候发现，这家商超做了一个展览的曲面屏，效果不错。回来以后，修改了我们的设计方案，打造了全球首家裸眼 5D 的宴会厅，这样能够给顾客呈现更多。

所谓园林风格，其实因为里面有一个亭子，当时是把裸眼 5D 跟亭子放在一起的，有很强的对冲效果。我们的理念是"一步穿越古亭上下千年邂逅梦中人，一餐饕餮盛宴尝尽美中食。"

回头来想想，回头一望谁是你心中的梦中人？往前一看谁又能让你感受到心中时？把这种文化底蕴与科技感相结合，对视觉也形成了强烈的冲击，体现了当时九字方针——高颜值、真性情

和发内心。年轻人就是真性情，不作、不假，不圆滑，还能够展现自己最好的一面，这也是我对我们员工的要求。

其实，我鼓励员工跳槽。我对我们南景的员工说，只要有单位可以给你高于南景三倍的薪资，你可以离开；你在外面做得不开心，可以随时回来；你觉得需要提炼内功，也可以随时回来。我希望，未来整个餐饮行业各企业共同发展，而不是一家独大，应该是百花齐放。

05

佶福祥：更懂湖南人口味的湘式包点

小小的包子支撑起千万梦想

在湖南，每天都有超过十万人选择同一个包子品牌，成立十二年时间，高峰期拥有 500 多家门店。这并不是什么高档餐厅，也不是什么网红餐馆，而是由一个个单价 1~2 元的包子造就的小小传奇，低调到我们都不知道身边居然有这样的早餐大鳄。

熟悉包子行业的人都知道，做一个包子容易，要规模化生产又保持口味一致地好吃，那就很有难度了。此外，包子也难以摆脱给人"低端""不规范""口味不一"的印象，这也是包子界能够做成全国性品牌并不多的原因。

为了让消费者吃到放心、美味的早餐，佶福祥首创了"中央工厂"+"全程冷链运输"+"门店纯手工制作"的产品出品模式，为消费者提供标准化、营养、安全卫生的早餐。"佶福祥"这个品牌名称，包含了企业对于市场的祝福，对于消费者的祝福。

安全的食材：秉持着本心，佶福祥的包子真材实料令人赞叹。在选材上，把品质放在绝对的首位，每种原料精选品牌供应商，支持溯源。佶福祥创立至今从不用冷冻肉，每天都采购知名品牌的优质后腿冷鲜肉，确保肉质的新鲜安全。

　　极致的口味：佶福祥每三个月上新一次馅料，真正满足消费者对口味的需求，泡椒牛肉、辣椒炒肉、萝卜干腊肉、培根芝士、三鲜鹌鹑蛋……这些跟包子风马牛不相及的馅料，在这里就能与劲道的白面纠缠结缘，最终化成美味，满足颜值控、美容控的需求。

　　严苛的管理：全程冷链运输，保障工厂到门店馅料的口感不变化。门店采用标准化作业，每个产品克重、馅料克重、蒸制时间、制作手法统一标准，让每个消费者吃到的产品都是最佳口感。门店包子超过两小时不售卖，新鲜每一口，让每个消费者吃过还想吃，每天都想吃。

　　聚焦湘式包点成为佶福祥征服湖南人胃口的突破点。对于湖南人来说，"湘"味大抵就是一盘辣椒炒肉，不论走到哪儿，刻在脑海中的味道就是忘不了。湘式包点引领者，佶福祥辣椒炒肉包，不仅鲜香可口，还能满足你想要的"湘"味。

佶福祥联合创始人张作良的专访

❶ 佶福祥品牌自创立以来，前后经过了几次迭代？

佶福祥创立于 2010 年，2013 年，湖南佶福餐饮管理有限公司成立，正式步入公司化运作。

这期间，共经历了五次品牌升级迭代，从"一只有心的包子"到如今的"湘式包点代表作"，不断改进完善，更好地适应当下主流消费群体的需求。同时对门店形象进行更新迭代。目前，佶福祥店面是全新的第五代店面，以更年轻化、时尚化、专业化、国际化的品牌形象走向市场，获得了更强大的品牌影响力。

❷ 佶福祥，聚焦湘式包点，在口味研发与调试上都有哪些尝试？

佶福祥坚持聚焦湘式包点，做湖南人爱吃的包子。将传统湘菜如辣椒炒肉、萝卜干腊肉、老坛酸菜等融入包点馅料中，并秉承湘式传统手工包点制法，专注于湖南人的口味，不断改进产品的馅料配方。除了现有的产品之外，佶福祥正在研发如洞庭银鱼包、津市牛肉包、平江香干包等产品，满足消费者的各种需求。

在原材料选购上，佶福祥也严格把关，大部分的原材料如面粉、酵母、辣椒、鲜肉、食用油等均选购国内知名品牌，原料确保安全，并能溯源。如辣椒采用的是四川螺丝椒，鲜肉则来自多个知名品牌供应商，如唐人神、五丰等，严格把控每一个环节，做让老百姓放心的包点产品。

❸ 目前佶福祥品牌在湖南省拥有多少家门店？每家店的日营业额大概有多少元？

佶福祥发展战略是立足湖南，把湖南市场做透、做精、做强。目前，在湖南省有 320 多家门店，平均每家店日均营业额超 2 500 元，业绩最好的门店，日均营业额达上万元。

❹ 在包点这个品类中，佶福祥的独特优势是什么？

包子是传统的行业，历经千年不衰，但现在也是个竞争激烈的行业。就湖南市场而言，既有外来品牌的咄咄逼人，也有当地品牌的持续发力。从品牌形象、产品类别、运营模式上，各有各的优势和特点。

第一，佶福祥 12 年湖南市场的品牌沉淀，通过不断创新研发产品和品牌逐步迭代，获得了广大消费者的肯定，拥有大量忠实的粉丝，奠定了佶福祥独有的品牌优势和市场地位。

第二，佶福祥独创性的聚焦湘式包点，做湖南人爱吃的包子，实现了产品的差异化竞争。凭一己之力在包点赛道上开创了一个以传统湘菜为主打包点馅料的全新品类。

第三，佶福祥成立之初就极其注重供应链的打造和完善，在2013年就建立了5 000平方米的制馅中央工厂，严格按照SC认证体系设计流程，制馅环节更为可控、安全、放心、有保障；2021年又新建了3 000平方米的冷链物流配送中心，具备了辐射湖南省近千家店的快速、恒温、保鲜的冷链配送能力。

第四，佶福祥是一家按照品牌化经营、工业化生产、连锁化门店运作模式发展的连锁餐饮企业，采取门店统一装修、员工统一培训、设备统一标准、馅料统一配送、包点统一规格等标准化运营模式，使所有门店的口味和品质统一。

第五，门店采取类直营的方式，便于进行统一管理和产品输出，保障了每一个环节的品控。2021年，佶福祥引入了更完善、更先进的财务管理、门店管理、物流管理、会员管理等信息系统，打造线上＋线下的品牌运营闭环，打通传统包点行业前端和后端的沟通和链接壁垒，更好地为消费者和市场服务。

❺ 在中式包点竞争激烈的市场环境下，佶福祥如何实现稳步向前发展？

2021年，随着包点行业第一家上市公司的出现，资本纷纷入驻包点赛道，竞争日趋激烈。佶福祥不仅需要面对当地品牌竞

争压力，外来品牌也趁势不断挤压市场。对此，我们将继续加大产品研发力度，加强产品投入，加强品牌建设。品牌化路线是佶福祥始终坚持的发展理念和方向。

首先，公司进行了全方位的品牌升级，推出了更加符合市场潮流的时尚化、年轻化、标准化的第五代店全新形象。

其次，公司推出了千店兜底合伙人计划，不但免加盟费，还对加盟商进行亏损兜底，降低加盟商的投资风险，提升广大加盟商的创业积极性和合作意愿。同时也为社会创造了数千人次的就业机会，彰显了佶福祥的企业社会责任担当。

最后，佶福祥将门店以合伙人的形式与公司合作，进行统一的类直营模式运营，实施门店的强管理，即营销、产品、活动等统一管理，并建立专业线上运营系统，将所有环节进行信息化、专业化和品牌化改造，实现佶福祥品牌的价值飞跃。

❻ 未来，佶福祥的规划目标是什么？

从佶福祥发展战略来看，在未来，佶福祥的主要规划目标如下：

第一，扎根湖南，先把当地市场做透、做精、做强，然后辐射全省，实现千家门店的目标；

第二，始终聚焦湘式包点，坚持走包点行业的差异化路线，加大研发力度，针对湖南各个地域特色菜式和传统特产，研发出如洞庭银鱼包、津市牛肉包、平江香干包等特色馅料，围绕湖南特色，专注湖湘包点，不断拓宽品牌护城河，打造佶福祥独有的品牌壁垒。

第三，坚持"中央工厂"+"全程冷链配送"+"门店纯手工制作"的运营模式，充分发挥品牌运营优势、集采优势、产品策略优势。一方面持续赋能广大加盟店，提升整体营业额；另一方面，佶福祥将突破社区早餐店的常规经营模式，以社区门店为核心，向上下相关的社区产品产业做拓展延伸，打造佶福祥创新的社区生态化系统建设，以获取更大的市场空间。

第六章

活跃在社交媒体平台却从未离开人们的生活

01

杨裕兴：靠一碗面存活了 100 年

吃碗纯粹的鸡蛋面

我们经常开玩笑说，某某店离百年老店还有 90 多年，可是杨裕兴这个品牌真的有了 100 年，它的门店分布在长沙不同的地段和商圈，也许每一个走进杨裕兴的顾客都有自己喜欢的那碗面。

在以米粉为主的长沙，杨裕兴靠面条扎根 100 年，确实不易，毕竟长沙不是以面食为主的城市。老字号的光环让不少年轻人重

新认识杨裕兴这个品牌，手工鸡蛋面的首创或许可以让杨裕兴把这个故事一直讲下去。

每个人可能都不记得吃了多少碗面，每一家杨裕兴的门店里每天都会发生很多的故事。讲匠人精神，可能其他同行都很难比得过杨裕兴，毕竟它把最普通的大众化产品做成了非物质文化遗产。

国内有几个发展不错的中式快餐品牌，而杨裕兴所在的细分赛道有更大的发展机会，因为面条是从早餐到晚餐全时间段消费的一个品类，而与之相关的配菜成为杨裕兴聚焦发展的另外一个方向。

用普通的食材做出来的面，往往能让顾客记忆更加深刻，鸡蛋面成为杨裕兴被点单最高的单品。这样一碗面让很多年轻人想到家人，一碗面的温度往往不是从手里传递，而是从喉咙入到心里的。

最近一个叫"孤独面馆"的快闪项目让很多人在深夜里吃面，这样情绪的发酵传播在杨裕兴面馆里看不到，在这里就是单纯地吃面，没有网红店那些营销手法，反而回归了吃面最纯粹的本质，其实这是难能可贵的。

老家有一个小面馆开了40年，没有杨裕兴这样百年的历史，可是每一次回去我都会去那吃碗面条，再跟老板寒暄几句。我想可能很多去杨裕兴的人都是这样的心态，念旧的情绪让吃面成为与过去的自己对话的仪式。

杨裕兴党支部书记李国安的专访

❶ 杨裕兴首创的"手工鸡蛋面条"被誉为"神仙难吃刀下面"，这怎么理解？

为什么说"神仙难吃刀下面"，就是在小麦面粉中加上鸡蛋，再加一点点食用碱，用手工和面。而不像现在大部分的面条是生产线上的机器生产的。我们的面是在大水缸里和的，使水分与面粉充分地融合，水与面融合得恰到好处，水既不能太多，否则太软、太黏了；也不能太少了，否则太硬，和不动，面条没有弹性。

❷ 甘长顺也擅长制面，您觉得两个品牌有什么差异化？

虽然杨裕兴和甘长顺都由我们公司管理，初看有一点同质化，但还是有一些差异的，比如，在食物的制作方法上，调料方面，甘长顺淡一点点，杨裕兴的口味稍微多样化一些。

❸ 杨裕兴的拳头产品是什么？最受消费者喜爱的又是哪些品种？

其实我们的拳头产品就是最普通、最大众化的产品——肉丝

面。肉丝、酱汁、牛肉、酸辣、炸酱这五大油码整体销量都不错。

点单率最高的还是肉丝面，可以说是纯瘦肉的，用的是猪的前腿肉，这个肉是瘦中带肥，有油香，肉质也比较松软。

❹ 除了粉面，还有盖码饭、浏阳蒸菜和小吃，种类非常丰富，那么杨裕兴的主要定位是什么？

以前，杨裕兴做的就是鸡蛋面，但是随着市场的发展，顾客的要求不同，我们是打算朝着以面条为主的中式快餐方向发展。

❺ 目前，杨裕兴在全国拥有多少家门店？是直营，还是连锁加盟？

目前，杨裕兴在全国有 120 多家门店，还是采用的直营的发展方式。

我们参观了不少直营店，这些店的成功经验我们在学习，还有一家百年老店，这家店在做精做细方面，也有不少值得学习的成功经验。

早几年，我们快速扩张，导致产品没办法保证稳定性，走了不少弯路。现在想想，最终原因还是员工问题，由于是手工，就算加大了人员培训还是跟不上扩张的速度，导致了品质的不稳定。我们现在就是吸取了这些经验教训，做好准备，一家一家做好直营。

❻ 作为百年老字号的杨裕兴在发展过程中遇到过哪些困难，又是如何解决的？

在快速发展时，员工培训跟不上，技术更新有点慢。这几年，我们放慢了发展速度。从长远看更有利于品牌的发展。

❼ 目前，长沙的老字号品牌都在想法上拉近与新消费群体的距离，杨裕兴在这方面都做了哪些工作？

我们公司在这方面有欠缺。

首先，我们想到的就是利用媒体的宣传，在店内搞一点强化，讲一些小故事，讲大家感兴趣的话题。

其次，我们积极申报非物质文化遗产，借机提高产品质量，提高知名度。

一碗面，相对来说是低消费，年轻人只是为了吃面而消费，并不知道杨裕兴背后的故事。因此，我们加大宣传力度。通过讲

小故事让年轻人慢慢阅读这些宣传册、图书画册，以了解杨裕兴的文化。

另外，我们抓住年轻人更关注健康、营养、绿色、环保的点，用小视频之类的方式，向他们宣传。比如，肉丝面通过焯水，可以把浮沫杂质去掉，保持肉丝面的清爽。我们还准备用直播的方式告诉大家一些有关"面文化"方面的知识。

❽ 杨裕兴在未来的品牌发展上还有哪些提升空间？

专心把面做好、做精，同时使湘菜和油码、微码、大码结合，比如，创新小炒黄牛肉甚至海鲜的码子。专心做面，可以说是一种使命和传承，拓宽让年轻人了解杨裕兴品牌的渠道，以保持企业的优良传统。

❾ 目前，杨裕兴最大店的面积有多大，营业额是多少？

在深圳，杨裕兴有一家1 000多平方米的店面，每天大概有十几万元的营业额，毕竟一碗面的价格也不高，多数消费者都能接受。

甘长顺：让湖南人念念不忘的鸡丝火

一碗活在湖南长辈心里的面

　　我们说了很多年轻人关注的餐饮品牌，却很少提及父母这一辈儿人关注的品牌，下面来说说。

　　甘长顺是中老年人最爱的粉面品牌。在甘长顺，你看到的多是步履蹒跚的老者。很多人说着流利的长沙方言，一口粉一口面，一吃就是一辈子。

　　在你工作之前，你的消费都来父母的支持，他们大部分是不会告诉你，他们有多大的压力，只会选择默默承受，而在甘长顺你能看到他们跟邻居、朋友、同学互相抱怨和唠叨。

　　有时，母亲做了一桌丰盛的饭菜，最后可能等来的是微信里的一句"妈，我不回来吃饭了"。如果说长沙是座网红旅游城市的话，那么这些消费主力的年轻人背后的父母，可能才是真正为这座城市作出贡献的人。

　　年轻人觉得甘长顺不时尚了，可是他们的父母曾经也是时尚的青年，伴随着孩子成长而慢慢老去，从父母的青春到自己的青春，跨越的是一碗碗甘长顺的粉面。可能父母点餐速度越来越慢，吃粉面的速度也越来越慢，但想吃的那口码子依旧没有变。

　　当前，确实需要有一些地方为中老年人消费提供便利。可能你看不上这些地方，如果有一天你的孩子慢慢长大，你也会从国金中心和酒吧一条街慢慢退出来。或许有一天你坐在甘长顺点上一碗粉面，"妈，我不回来吃饭了"可能会变成你的孩子留给你的话语。

　　不是所有的餐饮都必须年轻化，全都时尚年轻了，为我们奉献一辈子的父母去哪里消费？甘长顺给了父母辈儿一份安定和一份从容，最起码在这里没人觉得他们落伍，时间在这里变得很慢。

甘长顺总经理吕望国的专访

❶ 消费者会习惯性把甘长顺与杨裕兴做比较，你觉得你们的优势体现在哪些方面？

杨裕兴和甘长顺的关系就像肯德基和麦当劳的关系，这两个品牌代表了长沙的鸡蛋碱面，只是口感上有细微差别。这两个品牌的师傅也会经常沟通和交流。甘长顺品牌比杨裕兴创立早了十年，甘长顺的创始人姓甘，赋予品牌长久顺利的寓意。甘长顺的面牌子多，品种更丰富，吃法比较讲究。

❷ 作为百年老字号企业，甘长顺在发展的道路上遭遇过瓶颈吗？

新晋品牌对我们的冲击是不小的，我们在是否创新这个问题上进退两难，关于门店风格的修改与调整，品类的新增与更替，我们也走过不少弯路，后来还是决定回归传统，定位老长沙人爱吃的口味，保持中式风格。

❸ 甘长顺最具有代表性的面和米粉分别是什么？如何定义甘长顺这个品牌？

肉丝、牛肉、酱汁、杂酱、酸辣这些传统的码子最能代表甘长顺的粉和面。我们就把甘长顺定义为最传统的粉面老字号品牌。

❹ 甘长顺对年轻的消费者来说，是比较陌生的，如何让年轻的消费者了解这个品牌？

提起甘长顺，长沙年长的消费者几乎是无人不知，但是三十岁以下的年轻消费者对甘长顺可能就没那么熟悉了。对此，我们也尝试做了一些媒体宣传报道，包括我现在也在拼命学习，试图

赶上新媒体发展的潮流。

其实，甘长顺的产品物美价廉、绿色有机、零添加，对身体没有副作用。每天制作的食物保鲜只有 8 个小时，过时就不会再用了。今后，要把我们健康的食品和健康的理念通过新媒体的手段传播出去，让现在的年轻人，甚至更多年龄层次的人知晓甘长顺、了解甘长顺、认可甘长顺。

❺ 百年品牌鸡丝火有什么有趣的故事或者文化底蕴在其中？

鸡丝火是甘长顺的一个码子，火起来是因为谭延闿。

谭延闿非常喜欢鸡丝火，每次招待客人就会叫家里的人来甘长顺端几碗鸡丝火回家，鸡丝火还成了他一副对子的灵感来源，他的这个对子也带火了甘长顺的鸡丝火。谭延闿最擅长对"无情对"，他曾以"三星白兰地，四月黄梅天"这副对联引来赞誉。

谭延闿吃面对对子的故事传出后，甘长顺的"鸡丝火"一时火遍全长沙，人们进入"甘长顺"，只要口袋里稍有钱，都要尝试"鸡丝火"。再加上"鸡丝火"面码鲜腊出香，令尝试者无不胃口大开，这一面码一时声名远播。

鸡丝火口味比较清淡，但食材很讲究，两年以上的跑山土鸡炖汤，剔骨后鸡肉加金华火腿再炖汤，最后放入香菇、长葱段，红红绿绿很漂亮，胡椒麻油一放，清淡却香味四溢。

❻ 甘长顺的核心产品是哪一款面？不同的面都有哪些讲究？

起初，我们是做手擀面的，但是随着规模的扩大，人工产量跟不上供应，只能用机器代替人工，但我们最核心的产品还是鸡蛋碱面。现在，通过科学的配方，无论是味道、口感，还是颜色都已经远远超过了手工制作的手擀面。

长沙人吃面比较讲究，比如，把面条放入锅里，最硬的程度叫落锅起；接着就是不到一分钟捞起的叫带迅干；然后是二排，熟而不烂的面；还有溶排，要求煮好的面条溶而不碎。从叫法的不同就能看出，呈现的面条软硬程度不同。还有分量上，叫法也有区别，轻挑，要求面条分量少一点，大概一两五到一两八；重挑，要求面条分量多一点，大概三两。

❼ 作为百年老字号，甘长顺的厨师结构层次如何？为什么？

甘长顺的老师傅与年轻师傅的比例大概是 4∶1，现在年轻厨师很难沉下心来，缺少钻研精神，比如，下面条需要有大量的经验积累。甘长顺的厨师队伍中还是以老师傅为主，很多老师傅 18 岁就到了甘长顺，一直干到 60 岁退休。

❽ 目前，各种粉面新品牌涌入餐饮市场，甘长顺如何看待和应对这种情况？

甘长顺还是秉承着自己的原则，做好品质、口味、服务，同时也要学习用新媒体为我们的品牌做宣传，让消费者知道甘长顺就是物美价廉的粉面品牌代表，让消费者认可。创新势必会让长沙年长的消费者没法接受，但是不创新，我们又会损失年轻的消费群体。因此，我们还在尝试努力去平衡两者的需求。

❾ 作为百年老字号，最重要的就是让传统技艺传承下去，甘长顺是如何做的?

作为非物质文化遗产传承人，我每年都会带新徒弟，因为做好技艺传承是我的使命和责任。尽管现在的厨师流失率比以前还要高，但是我还是会坚持做下去。我相信，总会有愿意沉下心来学习传统技艺的年轻厨师。

03

黑色经典臭豆腐：
靠一碗臭豆腐，撬动亿万级的消费市场

臭豆腐让你永远记住它的味道

　　湖南臭豆腐已经成为长沙经典小吃的一张名片，即使有火宫殿、罗记等有历史的品牌，依旧给了黑色经典臭豆腐后来壮大的机会，在一些社交平台上能够看到黑色经典臭豆腐的传播内容。

　　抓住了互联网流量的红利，黑色经典臭豆腐在年轻人的心中"种草"，让年轻人有了新的消费方向。精准 SEO（Search Engine Optimization，搜索引擎优化）后的投放，让黑色经典臭豆腐在搜索红利期吸引了大量的消费者，尤其是在臭豆腐这个品类里，给予年轻消费者强大的消费刺激。

　　网络推广和线下排队的双重效应成就了早期的黑色经典臭豆腐，从现做小吃转型湖南特产也是黑色经典臭豆腐最为关键的转型。一味靠流量带动的品牌是不会发展持久的。黑色经典臭豆腐通过一些跨界合作和营销事件不断拓展品牌价值，从一个新品牌发展成为行业知名品牌。

　　相比于传统臭豆腐的传承，黑色经典臭豆腐更强调标准化，保证品质的稳定性。一群来自名校年轻人的创业，让更多的年轻消费者看到了同龄人的勇气，创业团队的年龄与消费者年龄接近可能是黑色经典臭豆腐受年轻人喜爱的最大优势。

日销 200 万块的黑色经典臭豆腐，爆火后继续研发臭豆腐的制作工艺，不断试验，确定标准，保证口感稳定，这样可以解决臭豆腐的供应稳定性问题，也能够解决直营店外地供应最关键的问题。

臭豆腐的消费市场其实是由消费者的好奇心引发的，臭与背后的香，强烈反差很容易形成传播的素材，类似螺蛳粉也是这样的消费逻辑。

在大消费市场里永远都存在机会，黑色经典臭豆腐为了完成一个更大的目标，接下来会有更多的动作。

黑色经典臭豆腐创始人卢路成的专访

❶ 为什么起名为黑色经典臭豆腐呢？

因为臭豆腐是湖南的经典小吃，又是黑色的，所以叫黑色经典臭豆腐。

❷ 作为全国知名的臭豆腐品牌，黑色经典臭豆腐在小吃市场的独特优势是什么？

首先，我们的定位就是做年轻人喜欢的臭豆腐，因为在创立这个品牌之前，就有一批活跃的消费者。

其次，在延续传统工艺的过程中，我们把每个环节都做到位，同时，根据消费者的变化，做了一定的创新，无论是口味，还是目标群体定位，我们都有相对的优势。

❸ 据了解，黑色经典品牌创立于 2009 年，由数名大学生联合臭豆腐经典手艺传人共同开创，当时是基于怎样的考虑？

我决定做这个品类时，需要找这个品类的从业人员，这是品牌立足市场的基础。大家都是奔着美好的明天去的，劲往一处使，

目标高度契合，于是组成了一个团队。

我们找了臭豆腐经典手艺传人，达成共识还在于不断地沟通，大家都是为了一个更美好的未来。臭豆腐经典手艺传人只有一个摊位或者是一个店，他自己很难做大，需要有一帮人，而我们当时也是在传承这个手艺，这样一沟通，强强联手，为了达成一个共同的目标，就走到一起去了。

❹ 在竞争激烈的市场中脱颖而出，并且在全国布局 2 000+ 门店，您是如何开创这样的局面的？

首先，把门店连锁化和产业化当成我们的一个发展目标；其次，在这种愿景之下用连锁的方式，加之我们有非常好的产品，很快就推向了全国。

我们的策略很简单，就是扎根长沙辐射全国，通过产品的先天知名度，开拓市场。我们在长沙市场表现出来的非常好的市场面貌能够吸引更多的人加入我们，能吸引更多的合作者成为全国的渠道合作商，这样很快就能在全国铺到一两千家店。

追问：有怎样的底气扩张，差异化在哪里？

我们刚进入这个市场时是没有底气的，虽然我们觉得臭豆腐这个品类当中有一些非常强势的门店，但是我们不认为这些店就是全国的餐饮品牌了，因为在臭豆腐这个品类的发展过程当中，连锁化包括产业化发展非常不尽如人意，当然还包括市场维度发展得也相对缓慢，所以我们是觉得这是有空间的，把它作为我们的创业项目也是有希望的。我们面对的是年轻的消费者，利用年轻的创业主题，贴近年轻消费者，然后刚好在这个消费市场迭代的过程当中做出年轻人喜欢的品牌。

从连锁化的基础功能来说，我们把产业链的发展提出来，拓展产业链上游，下游用连锁的这种方式在渠道铺开，通过品牌的创新表达能够让市场规模自然变大，这也是我们区别于传统小吃品牌的一个打法，模式上会有一个天然的不同。

❺ 在大众点评榜单上，黑色经典臭豆腐位居臭豆腐菜品榜的第一名，如何做到超越其他同品类的臭豆腐？

首先，我们产品的口碑确实是最好的；其次，我们结合平台做运营，才会达到如今的效果。也就是说，在大众点评上要有一定的消费群体基础，然而在大众点评上用恰当的运营方法把产品表达出来。这是我们的一个总结。

❻ 臭豆腐香水的概念是什么？

当初我们是想表达品牌的概念是"臭并快乐着"。臭豆腐本身就是集臭和香于一本的，香水更加直观地表达了这一点。因此，我们主张把臭豆腐香水送给自己爱的人，也是一种反差。虽然它不一定是一个非常好卖的产品，但是它一定是一个很有噱头，同时也能让人印象深刻的一个概念。

❼ 最初研发灌汁臭豆腐是因为什么呢？

在十几年前，我还没有见过这样的吃法，初衷也是为了保持臭豆腐的脆嫩度。以前的做法是把整个臭豆腐浸在汤汁里。后来我们发现，臭豆腐的本体应该是酥脆的，为了把汤汁的味道发挥到极致，我们把汤汁放在臭豆腐里面。一是为了保持它的脆嫩度，二是为了让豆腐充分入味。我们对产品这一个小小的改变，没想到会成为一个亮点。

❽ 这几年，品牌有什么样的蜕变和成长？

在不同的时间段，有不同的成长和表达。刚开始 1.0 版本的时候，是一个小油炸店；到我们 2.0 版本加入了零售的方式，臭豆腐也是可以打包带走的；再到现在 3.0 版本，不断改进技术，让湖南省之外的消费者也能吃到最经典的湖南臭豆腐。

我们从 2015 年就开始做电商，只是当时的渠道和运营能力还没有这么全面，但是现在黑色经典臭豆腐只充当一个线下的体验产品，链接的是其他美食。

❾ 在选址方面，有没有具体硬性要求？

在选址方面，我们是尽可能地选择有流量的商圈，包括我们的合作商，都要求其尽量选址在核心商圈。

集商业旅游、办公、居住集中为一体的，属于稀缺的地段，在做好充分调研的基础上，如果实在没有合适的核心商圈位置，那么，周边的商圈也是可以的。

⑩ 除了臭豆腐，其他产品还有什么呢？

臭豆腐小吃无疑是我们的招牌产品。另外，在我们长沙的传统小吃，比如，糖油粑粑、大香肠等研发上也下了不少功夫，也是力保呈现出最经典的味道。当然，还有一些包装的副产品，我们都是深入原产地和食品工厂，做一些调味，希望把这些更好吃的经典小吃呈现给消费者。

04

聚味瞿记：用龙虾诠释湖南人的江湖情

湖南人夜宵里的江湖气

聚味瞿记的门头上写着"行虾仗义，聚味瞿记"，一句话没说，一杯酒已经下肚，这就是湖南人的豪爽。

猪油自己炼、调料自己配、原料自己选，聚味瞿记通过优质的产品回馈顾客。来自五湖四海的消费者来到聚味瞿记，吃的是不仅是美食，还为满足他们内心的那份江湖情。

鲜嫩的虾肉搭配着卤汁，能够保证每一只小龙虾都具有卤香味。在很多人的认知里，只有夏天，才有小龙虾。可是在聚味瞿记，你在一年四季都能吃到鲜嫩的小龙虾。

很多人认为，聚味瞿记是家网红店。对此，老板瞿涛不这样认为，很多网红店来得快去得也快，而聚味瞿记的回头客非常多，没有一定的实力，是根本无法让顾客回头消费的。

在白天，我们因为工作而不得不去面对很多事情，到了夜晚，推杯之间慢慢卸下身上的压力。在聚味瞿记，经常能看到一些人喝着喝着就哭了，此时瞿涛会主动拿着一瓶酒和一碟小菜过去安慰，毕竟生活不易。

　　开聚味瞿记这几年让瞿涛活得更为明白，人生就如小龙虾一样，无论是卤煮还是爆炒，最后都会变红。

　　瞿涛把所有来聚味瞿记的顾客当成朋友，即使只有一面，也会珍惜，因为明天有太多的变数谁都无法预料。

聚味瞿记创始人瞿涛的专访

❶ 请您讲一下"聚味瞿记"名称的由来?

以前,虾尾卖得比较好,就取名叫岳阳虾尾,想改成瞿记虾尾但是注册不了,后来就因为"行虾仗义,聚味瞿记"这句话,改为了聚味瞿记。聚味就是说聚集人情味,聚集各种美味。

❷ "聚味瞿记"是如何做到霸榜大众点评的? 与顾客有什么样的互动?

我们主要就是秉持匠心精神,以产品为核心,让口味更地道,对服务品质的要求更高。

我们做得最多的就是咨询顾客意见,即顾客对服务的体验感、对菜品的体验感、对环境的体验感的意见。每天在闭店前,我们都会召开总结会议,顾客提出的有益的改进意见,第二天要立即执行到位。

❸ 聚味瞿记一年四季都有小龙虾，是如何做到的？

小龙虾都是驻点收购的，比如，在湖北、江苏，我们与供应商建立良好的关系，形成了完备的信息化供应链。

❹ 从 2013 年创立品牌至今，聚味瞿记已拥有 11 家门店，保持稳健发展的原因是什么？

其实没什么原因，就是兄弟们一起开店，以前就是一年开一家店，2021 年开得多一点，然后一次一次地做品牌升级。

❺ 聚味瞿记作为长沙夜宵品牌的代表之一，在发展的过程中遇到过哪些困难？又是如何解决的？

对于整个团队管理，确实遇到过一些问题，都是在学习中不断改进。我们经常会带团队去北京、上海、广州、深圳一些餐厅考察和学习，也会研究市场，研究消费群体的需求，尤其是研究年轻人的需求，这是我们一直坚持的。

❻ 在立足长沙市场的基础上，是否考虑向其他城市拓展？

目前，没有考虑过到其他的城市发展，能把长沙的市场做好、做精就很好了。

❼ 像现在你做产品的是更加符合"90 后"年轻一代还是别的消费群体？

其实我们更加注重的是消费者的消费场景，像年轻的白领下了班，来我们这吃饭、放松，可以到凌晨。因此，我们现在做的就是偏向年轻化的新生消费力量。

以前，大家吃夜宵，不怎么看重用餐环境，现在这种状况已经改变了。因此，聚味瞿记在装修上下功夫，我们有大厅，设有卡座，也有包厢，满足一些顾客的宴请需求，把夜宵做得更正规、更品牌化。

❽ 聚味瞿记被定义成"网红店"，对此，您怎么看？

我个人认为，聚味瞿记不是突然火起来的，而是靠顾客良好的口碑才走到今天的。其实，我自己更喜欢的状态是：湖南本地人喜欢去吃聚味瞿记，外地朋友吃饭时，也会想到聚味瞿记。

❾ 除了产品，聚味瞿记还会做哪些尝试来加深顾客的黏性？

现在年轻人的饮食不是很有规律，不吃早餐，中午的饭也是点外卖。在我看来，夜经济以年轻人为主要消费群体，比如，酒吧，我们会慢慢向这方面靠拢。让吃夜宵不单单是纯粹地吃，更重要的是与顾客形成良好的互动。

05

玉楼东：靠菜品和味道成为湘菜界的翘楚

令人常忆的麻辣仔鸡

不管你是"老"长沙人，还是"新"长沙人，玉楼东的菜品不会让你失望。很多人都是冲着玉楼东的"麻辣仔鸡"和"汤泡肚"两道菜而来的，毕竟这两道菜被曾国藩的孙子曾广钧念念不忘。

"平生快意事，把盏玉楼东"，这就是百年老店的底气。要拥有这样的底气说起来容易，做起来难。这个1904年就成立的百年老店，一直坚守湘菜的文化底蕴，同时通过技术创新，对菜品进行全方位升级。

在旧社会，玉楼东曾经红极一时，是达官贵人消费的首选场所，普通老百姓是没有机会尝到这些菜品的。如今，每天爆满的场面就知道长沙人对于玉楼东是发自内心的喜爱。

作为湘菜界的翘楚，玉楼东对厨师的培训和管理是相当严格的，玉楼东也是湖南省唯一的"国家特级酒店"和"全国十佳酒家"。

像玉楼东这样的老字号，应该被更多的人知道，尤其应该让更多的年轻人来品尝地道的湘菜，感受不一样的气蕴。能够在长沙餐饮界拥有一席之地的厨师，多数都曾经和玉楼东有着一定的交集。

　　为了顾客的一顿饭，玉楼东坚守的是对湘菜传承的责任，再过一百年，或许你的子孙来到玉楼东时看到曾广钧的"麻辣仔鸡汤泡肚，令人常忆玉楼东"这幅题字，更会感慨沉甸甸的历史。

玉楼东总经理李明方的专访

❶ 从 1904 年创立玉楼东至今，作为百年老字号，玉楼东是怎么传承发展至今的呢？

玉楼东群师荟萃，通过他们厨艺的传承，才有玉楼东这些非遗菜的诞生，麻辣仔鸡、发丝牛百叶、酱汁肘子、洞庭龟羊、柴把桂鱼、腊味合蒸都是我们引以为豪的菜品。

❷ 玉楼东享有湘菜"黄埔军校"之美誉，对此，该如何理解？

长沙历史上的名厨都是一代一代传下来的，师父把手艺传给徒弟徒

孙。现在的很多湘菜大师都是我们玉楼东培养的。另外，这些传统湘菜多数也是由我们的大师传承下来的。

❸ 如今的玉楼东通过哪些尝试来加深与年轻消费者的联结？

目前，面对"90后""00后"消费群体，我们既继承，又创新，不断开发适合年轻人的菜品。同时，在各个自媒体平台为他们推送菜品，利用了探店和打卡活动，定期给粉丝发送福利，以吸引更多的消费者。

❹ 玉楼东在菜品分布上，湘菜和小吃的比例大概是多少？

我们湘菜与小吃的比例是 7∶3，而且湘菜都是现炒的，小吃也是现做的。根据我们的定位，我们选择做百分之七十的湘菜、小吃主要为了满足一些家庭聚会的需要。

❺ 玉楼东重回火车站，故地重开新店，在战略布局上有何考量？

重回火车站开店，店面其实也不是很大。接下来我们会以老企业、新模式，老品牌、新营销的手段进行战略调整。在做好长沙的区域品牌之后，再向其他城市拓展。

❻ 要成为一家百年老字号企业，您觉得需要具备哪些关键因素？

要想做成一家百年老字号，一定要保持初心，有工匠精神。只有专注，才能长久，才能把事情做到极致。

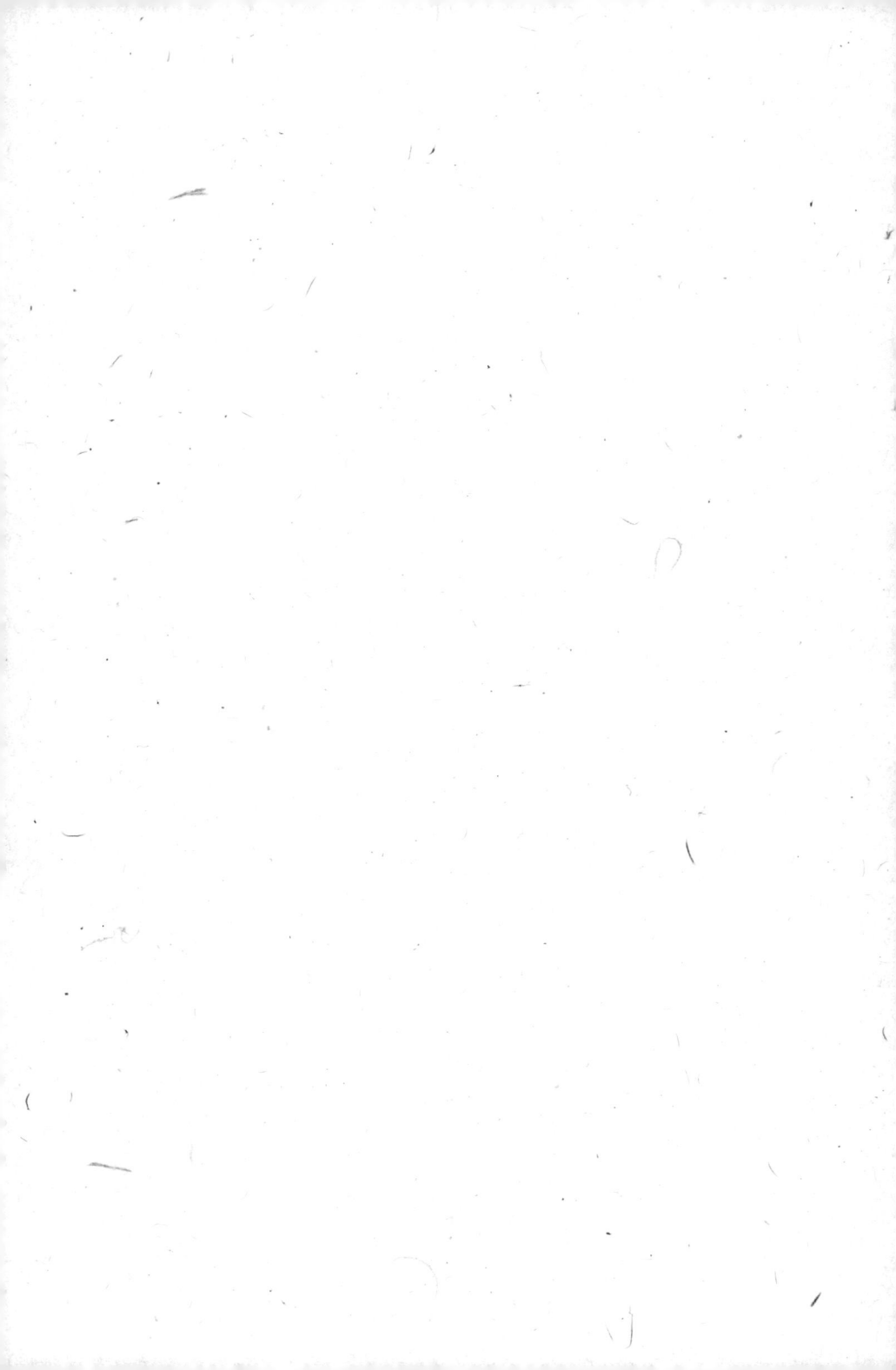